変わる贈与税

令和6年1月以降の留意事項

税理士 **与良　秀雄** 著

税務研究会出版局

は じ め に

　贈与税の本を作らないか、というお話をいただきました。

　相続税と贈与税が一緒になった本は多数出版されていますが、贈与税単独の本はあまり見かけません。それだけ相続税と贈与税は表裏の関係にあり、切り離せないものといえます。

　そんな中でも、令和3年度から相続税・贈与税のあり方が与党税調で議論され、令和5年度税制改正大綱では、「わが国の贈与税は、相続税の累進負担の回避を防止する観点から、相続税よりも高い税率構造となっている。実際、相続税がかからない者や、相続税がかかる者であってもその多くの者にとっては、贈与税の税率の方が高いため、生前にまとまった財産を贈与しにくい。他方、相続税がかかる者の中でも相続財産の多いごく一部の者にとっては、財産を生前に分割して贈与する場合、相続税よりも低い税率が適用される。このため、資産の再配分機能の確保を図りつつ、資産の早期の世代間移転を促進する観点から、生前贈与でも相続でもニーズに即した資産移転が行われるよう、諸外国の制度も参考にしつつ、資産移転の時期の選択により中立的な税制を構築していく必要がある。」とし、当面の措置として、①相続時精算課税制度の使い勝手の向上、②暦年課税における相続前贈与の加算の拡大等に関する改正が行われたところです。

　このような、資産移転の時期の選択により中立的な税制を構築されるのは、まだ先のことかもしれませんが、平成15年度で創設された相続時精算課税に基礎控除を創設するとともに、相続開始前3年以内の贈与加算を段階的に7年に延ばしていくという抜本的な改正が加わったことは、ひとつの節目を迎えたともいえます。

　このため、贈与税、特に相続時精算課税を中心として、令和5年分の取扱いと、令和6年分の取扱いを織り込んだ形で、簡潔にまとめてみることとしました。

　また、令和5度税制改正大綱でマンション評価の見直しが示され、令和5年9月28日付で改正通達も発遣されたことから、改正事項として織り込みました。平成6年分からの適用ですが、令和4年4月19日の最高裁判決（いわゆる

6項判決）を受けて、マンション評価の見直しを行ったものです。併せて参考にしていただければと思います。

　本書は、記載内容に濃淡が出てしまったり、記載内容が十分でないことなど反省点もありますが、相続対策を検討する実務家の皆さんのお役に少しでも立てば幸いです。

　税務研究会の桑原氏には貴重なアドバイスを含め、数々のご協力をいただきました。この場を借りてお礼申し上げます。

　令和5年10月

税理士　与良　秀雄

目　次

凡 例

相法……相続税法
相令……相続税法施行令
相規……相続税法施行規則
相基通…相続税法基本通達
評基通…財産評価基本通達
所法……所得税法
所令……所得税法施行令
所基通…所得税基本通達
法法……法人税法
通法……国税通則法
措法……租税特別措置法
措令……租税特別措置法施行令

(注)本書は、令和6年1月1日現在の法令・通達等
に基づいています（一部令和6年度税制改正大
綱（令和5年12月14日自由民主党・公明党）の
内容を含みます。）。

令和5年度
税制改正事項

令和 5 年度税制改正のあらまし

　個人から贈与により財産を取得した場合には贈与税が課税されます。贈与税は、相続税の補完税といわれ、生前贈与により相続税で課税されない部分を補完するために設けられたもので、税率構造は相続税に比べて高くなっています。

　この相続税・贈与税の現状等について令和 5 年度税制改正の解説（財務省）では、大要、以下のように説明されています。

　高齢化の進展に伴い、高齢世代に資産が偏在するとともに、いわゆる「老老相続」が増加するなど、若年世代への資産移転が進みにくい状況にあります。高齢世代が保有する資産がより早いタイミングで若年世代に移転することとなれば、その有効活用を通じた経済の活性化が期待されるところです。

　ところで、相続税・贈与税は、税制が資産の再分配機能を果たす上で重要な役割を担っており、高齢世代の資産が、適切な負担を伴うことなく世代を超えて引き継がれることとなれば、格差の固定化につながりかねません。

　相続税と贈与税が別個の税体系として存在しており、贈与税は、相続税の累進負担の回避を防止する観点から、相続税よりも高い税率構造となっています。実際、相続税がかからない方や、相続税がかかる方であってもその多くの方にとっては、贈与税の税率の方が高いため、生前にまとまった財産を贈与しにくい状態にあります。他方、相続税がかかる方の中でも相続財産の多いごく一部の方にとっては、財産を生前に分割して贈与する場合、相続税よりも低い税率が適用されます。

　令和 5 年度税制改正では、相続税・贈与税について、資産移転の時期の選択により中立的な税制の構築として、以下のとおり、相続時精算課税制度の使い勝手向上と暦年課税における相続前贈与の加算期間等の見直しを行うこととなりました。

---

① 相続時精算課税制度の見直し

i 改正前の取扱い

　贈与税の課税方法には、「暦年課税制度」と「相続時精算課税制度」があり、受贈者は贈与者ごとにそれぞれの課税方法を選択することができます。

　暦年課税制度は、1月1日から12月31日までの1年間に贈与された財産の合計額に応じて課税される方式のことで、その年中に贈与により取得した財産の価額の合計額が基礎控除額（110万円）以下であれば贈与税は課税されませんが、その合計額が基礎控除額を超える場合には、その超える部分に対して累進税率（10%～55%）により贈与税が課税されます。

　一方、相続時精算課税制度は、特定贈与者（相続時精算課税選択届出書に係る贈与者で60歳以上の者）から、18歳以上の推定相続人である直系卑属又は孫に対し、財産を贈与した場合に選択できる制度で、特別控除額が2,500万円あり、これを超えた場合には、その超えた部分に対して一律20%の税率で贈与税が課税されます。

　相続時精算課税制度を選択すると、その選択に係る特定贈与者から贈与を受ける財産については、その選択をした年分以降すべてこの制度が適用され、暦年課税制度へ変更することはできないので、特別控除額2,500万円を使い切った後には、110万円以下の少額の贈与であっても贈与税が課税されます。

　また、特定贈与者に相続が開始した場合の相続税の計算上、相続財産の価額に相続時精算課税制度を適用した贈与財産の価額（贈与時の時価）を加算して相続税額を計算することとされています。その際、既に支払った贈与税相当額を相続税額から控除します（控除しきれない金額は還付します。）。

ii 改正のあらまし

　相続時精算課税制度は、平成15年度税制改正において、次世代への早期の資産移転と有効活用を通じた経済活性化の観点から導入されたものです。相続時精算課税制度の選択後は生前贈与か相続かによって税負担は変わらず、資産移転の時期に対して中立的な仕組みとなっています。令和5年度税制改正では、暦年課税との選択制は維持しつつ、本制度の使い勝手向上を図ることとしました。具体的には、申告等に係る事務負担を軽減する等の観点から、相続時精算課税制度においても、①暦年課税と同水準の基礎控除の創設、②災害により被

害を受けた場合の相続財産に加算する贈与財産の価額の特例の創設等の措置を講じることとしました。

a　相続時精算課税に係る贈与税の基礎控除の特例の創設

　相続時精算課税適用者が特定贈与者から贈与により取得した財産に係るその年分の贈与税については、暦年課税の基礎控除とは別に、課税価格から基礎控除110万円を控除できることとするとともに、特定贈与者の死亡に係る相続税の課税価格に加算等をされる当該特定贈与者から贈与により取得した財産の価額は、上記の控除をした後の残額とします。

相続時精算課税のしくみ（改正前）

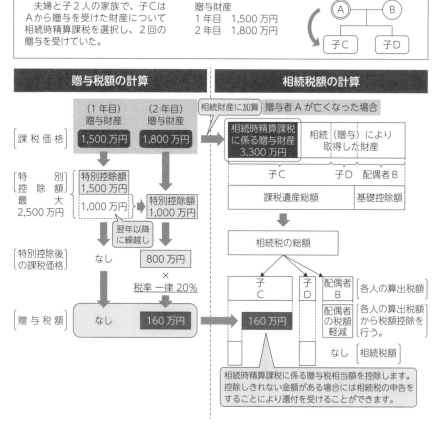

出典：国税庁「令和４年分贈与税の申告のしかた」

　なお、特定贈与者が複数いる場合、精算課税に係る基礎控除額は合わせて110万円となります。

（**適用時期**）令和６年１月１日以後に贈与により取得する財産に係る相続税又は贈与税について適用します。

相続時精算課税のしくみ（改正後）

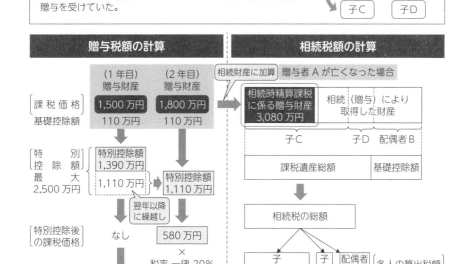

出典：国税庁「令和４年分贈与税の申告のしかた」に一部加筆

b　相続時精算課税に係る土地又は建物の価額の特例の創設

　イ　相続時精算課税適用者が特定贈与者から贈与により取得した一定の土地
　　又は建物が当該贈与の日から当該特定贈与者の死亡に係る相続税の期限内
　　申告書の提出期限までの間に災害によって相当の被害を受けた場合（当該
　　相続時精算課税適用者が当該土地又は建物を当該贈与を受けた日から当該
　　災害が発生した日まで引き続き所有していた場合に限ります。）におい
　　て、当該相続時精算課税適用者が税務署長の承認を受けたときは、当該相
　　続税の課税価格への加算等の基礎となる当該土地又は建物の価額は、当該
　　贈与の時における価額から当該価額のうち当該災害によって被害を受けた
　　部分に相当する額を控除した残額とします（措法70の3の3①）。

特例の計算イメージ

(例)　特定贈与者から贈与により取得した建物が被災した場合

出典：国税庁「令和5年度相続税及び贈与税の税制改正のあらまし」一部加筆

　ロ　この特例の適用に係る承認を受けようとする相続時精算課税適用者は、
　　一定の事項を記載した申請書を、災害が発生した日から3年を経過する日（同
　　日までに相続時精算課税適用者が死亡した場合には、同日とその相続時精
　　算課税適用者の相続人がその相続時精算課税適用者の死亡による相続の開
　　始があったことを知った日の翌日から6月を経過する日とのいずれか遅い
　　日）までに贈与税の納税地の所轄税務署長に提出しなければなりません。

　ハ　上記の申請書の提出を受けた税務署長は、申請書の内容を審査し、その
　　申請に対して承認又は却下をし、その旨を申請者に通知することとされて
　　います。また、税務署長は、その承認をする場合には、その審査した被災価
　　額を併せて通知することとされています。この「審査した被災価額」は、

納税者から提出された申請書に記載されている事項及び添付されている書類により明らかにされる情報に基づいて計算した被災価額です。保険金や損害賠償金が支払われたこと等により、事後的に、被災価額に異動が生じた場合には、この「審査した被災価額」と相続税の課税価格に加算又は算入される財産の価額から控除される金額とは、異なることとなります。

（適用時期） 令和6年1月1日以後に生ずる災害により被害を受ける場合について適用します。

（注1）「災害」とは、震災、風水害、冷害、雪害、干害、落雷、噴火その他の自然現象の異変による災害及び火災、鉱害、火薬類の爆発その他の人為による異常な災害並びに害虫、害獣その他の生物による異常な災害をいいます。

（注2）「相当の被害」とは、次の財産の区分に応じそれぞれ次に定める程度の被害をいいます（措令40の5の3③）。

土地　$10\% \leq \dfrac{被災価額}{贈与の時の価額}$　　　建物　$10\% \leq \dfrac{被災価額}{建物の想定価額}$

（注3）「被災価額」とは、土地又は建物が災害により被害を受けた部分の価額から保険金、損害賠償金の金額を控除した残額をいいます。
　なお、「相当の被害」に該当するかどうかの判定に当たっては、土地に係る被災価額は、土地の贈与の時における価額が限度とされ、建物に係る被災価額は、建物の想定価額が限度とされます。

（注4）「想定価額」とは、次の算式により求めることとされている災害が発生した日における建物の想定上の価額です。

建物の贈与の時における価額 $\times \dfrac{①-②}{①}$

① 次の建物の区分に応じそれぞれ次に定める年数
　イ 贈与の日において想定使用可能期間の年数の全部を経過している建物　その想定使用可能期間の年数の100分の20に相当する年数
　ロ イの建物以外の建物　その建物の想定使用可能期間の年数から経過済年数（その建物の新築の日から贈与の日までの期間の年数）を控除した年数と、経過済年数の100分の20に相当する年数とを合計した年数
② 贈与の日から災害が発生した日までの期間の年数（①の年数を上限とします。）

（注5）「引き続き所有していた場合」とは、贈与を受けた日から災害が発生した日までの間に、土地又は建物について「賃借権等の設定」、「持分の一部譲渡」、「増改築等」を行った場合においても、相続時精算課税適用者によりその土地又は建物の所有が継続しているときは、これに該当します。

c　相続時精算課税選択届出書の提出方法の見直し

　相続時精算課税の適用を受けようとする者は、特定贈与者から贈与を受けた財産の価額にかかわらず贈与税の申告をする必要があったことから、相続時精算課税選択届出書は、贈与税の申告書に添付して贈与税の納税地の所轄税務署長に提出しなければなりませんでした。しかし、令和5年度の改正により相続時精算課税に係る贈与税の基礎控除が設けられた結果、特定贈与者から贈与を受けた財産の価額が基礎控除以下である場合には、贈与税の申告が不要となったことから、そのような場合には相続時精算課税選択届出書のみを提出することができることとされるとともに、その旨を相続時精算課税選択届出書に記載することとされました。この場合、相続時精算課税選択届出書の提出期限は贈与税の申告期限となります（相基通21の9－3）。

　なお、特定贈与者から相続時精算課税に係る基礎控除を超える金額の贈与を受けた場合や特定贈与者から贈与により取得した財産の価額が相続時精算課税に係る基礎控除以下であってもその財産以外の財産を贈与により取得したため贈与税の申告が必要となる場合には、従来と同様、相続時精算課税選択届出書を贈与税の申告書に添付して提出することとされています。

iii　ポイント

　　暦年課税と相続時精算課税のどちらが有利かということは、贈与の時期、財産の種類、贈与財産価額等によって異なるため一概には言えませんが、令和5年度の改正により、相続税・贈与税を通じた暦年課税の税負担が高まる一方、相続時精算課税の税負担が下がることになったので、両者の選択の幅が広がったといえます。

　　例えば、暦年課税と相続時精算課税による相続税・贈与税の税負担を次のように長期間にわたって毎年贈与していくようなケースについて試算すると、相続時精算課税の方が有利な状況となっています。

　　　ケース1　毎年110万円を10年間贈与する。暦年課税と相続時精算課税の別に、改正前後での相続税・贈与税の合計負担額を比較。相続時精算課税の試算に当たっては、特別控除額（2,500万円）は考慮していない。

　　　ケース2　毎年310万円を10年間贈与する。それ以外はケース1に同じ。

○ 暦年課税と相続時精算課税の改正前後の相続税・贈与税の税負担比較
  （ケース1：毎年110万円を10年間贈与）   （単位：万円）

区　　分	暦年課税	相続時精算課税
① 累積贈与財産額	1,100	1,100
② うち相続税課税価格への加算額	(330) 670	(1,100) 0
③ 累積贈与税額	(0) 0	(220) 0
④ ②に対する算出相続税額	(66) 134	(220) 0
⑤ 贈与税額控除	(0) 0	(220) 0
⑥ 差引相続税額（④−⑤）	(66) 134	(0) 0
⑦ 合計負担額（③＋⑥）	(66) 134	(220) 0

(注)　1　各欄の本書は改正後の数値で、（　）内は改正前の数値。
　　　2　暦年課税における②欄の加算額は、「110万円×7年−100万円」で算出。
　　　3　④欄「②に対する算出相続税額」は「②欄の相続税課税価格への加算額×税率20％」で算出（「20％」は仮の数値）
　　　4　相続時精算課税における特別控除額（2,500万円）は、考慮していない。

○ 暦年課税と相続時精算課税の改正前後の相続税・贈与税の税負担比較
  （ケース2：毎年310万円を10年間贈与）   （単位：万円）

区　　分	暦年課税	相続時精算課税
① 累積贈与財産額	3,100	3,100
② うち相続税課税価格への加算額	(930) 2,070	(3,100) 2,000
③ 累積贈与税額	(200) 200	(620) 400
④ ②に対する算出相続税額	(186) 414	(620) 400
⑤ 贈与税額控除	(60) 140	(620) 400
⑥ 差引相続税額（④−⑤）	(126) 274	(0) 0
⑦ 合計負担額（③＋⑥）	(326) 474	(620) 400

(注)　1　各欄の本書は改正後の数値で、（　）内は改正前の数値。
　　　2　暦年課税における②欄の加算額は、「310万円×7年−100万円」で算出。
　　　3　④欄「②に対する算出相続税額」は「②欄の相続税課税価格への加算額×税率20％」で算出（「20％」は仮の数値）
　　　4　相続時精算課税における特別控除額（2,500万円）は、考慮していない。

　上記の比較によれば、精算課税に別枠の基礎控除を設けることの効果が大きく現れているといえます。毎年110万円を贈与するケース１では、改正後の精算課税の場合は税負担なく移転ができます。

②　相続開始前に贈与があった場合の相続税への加算期間等の見直し

ⅰ　改正前の取扱い

　相続又は遺贈により財産を取得した者が、その相続の開始前３年以内にその相続に係る被相続人から贈与により財産を取得したことがある場合には、その取得した財産（非課税財産を除く。）の価額（贈与時の時価）を相続税の課税価格に加算した価額を相続税の課税価格とみなして、相続税額を計算することとされています。

　なお、贈与財産の相続税の課税価格への加算がある場合には、その者の算出相続税額から、その相続税の課税価格に加算された贈与財産の価額に対応する贈与税額が税額控除（贈与税額控除）されます。

ⅱ　改正のあらまし

　令和５年度税制改正では、暦年課税においても、資産移転の時期に対する中立性を高めていく観点から、相続又は遺贈により財産を取得した者に係る相続財産に加算する期間を相続開始前３年から７年に延長することとしました。その際、過去に受けた贈与の記録・管理に係る事務負担を軽減する観点から、延長した期間に贈与を受けた財産の価額のうち100万円は、相続財産に加算しないこととしています。

（適用時期）

　イ　令和６年１月１日以後に贈与により取得する財産に係る相続税について適用します。

　ロ　令和６年１月１日から令和８年12月31日までの間に相続又は遺贈により財産を取得する者については、「７年」を「３年」とします。

　ハ　令和９年１月１日から令和12年12月31日までの間に相続又は遺贈により財産を取得した者については、「当該相続の開始前７年以内」を「令和６年１月１日から当該相続の開始の日までの間」とします。

ⅲ　ポイント

　加算期間の延長のイメージは下図のとおりであり、具体的に加算期間が延

長となるのは令和9年（2028年）相続開始分からであり、加算期間が7年間となるのは令和13年（2031年）相続開始分からとなります。

　暦年課税における相続税の課税価格への加算期間が3年から7年に延長されたことによって、相続税・贈与税の負担合計額は大きくなることに加え、事務負担や事実認定の困難さの増大など、次のような影響が生じることが予想されるため、注意が必要です。

相続税の課税価格への贈与加算期間の延長（イメージ）

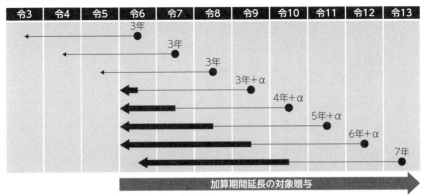

（注）　1．各年の●は相続開始日（各年7月1日）を示す。
　　　　2．矢印は贈与加算期間全体を示しており、そのうち矢印の太い部分（◀━━）は、加算に当たっての100万円控除の対象となる期間（相続開始前3年以内以外の期間）を示している。

a　事務負担の増加

　これまで相続税の申告書の作成に当たって、被相続人と相続人等の間の預金等の異動履歴の確認を行うのは、3年程度、長くても5年程度遡るのが一般的でした。しかし、預金等の異動履歴の確認期間は7年以上になっていかざるを得ないので、これに伴う事務負担は確実に大きくなっていくと予想されます。

b　期間経過による贈与事実の認定の困難さの増大

　相続開始時点の7年前のこととなると、関係者の記憶が薄くなり、証拠資料も散逸する可能性が高まることから、贈与事実の認定の困難さが増すことと考えられます。例えば、相続税の調査において、被相続人の預金口座から現金出金があった場合、その使途は何かを調べ、仮に相続人の預金口座に入金されているときには、贈与なのか、そうではないのか等について順を追って調べ事実認定をしていくことになりますが、期間経過によりその事実認定の困難さが増

大することになります。これは納税者側だけの問題でなく課税当局にとっても同様の問題となるでしょう。

c　加算額の計算の複雑化

　贈与により取得した財産のうち相続開始前3年以内に取得した財産以外の財産については、加算に当たって100万円を控除できることとされました。これ自体は税負担の軽減につながるものの、適用時期が順次延びていく中、贈与時期別（相続開始前3年以内とそれ以外の時期）に区分して加算額を算定していく必要があるため、控除額の計算が煩瑣となります。

③　教育資金の一括贈与非課税措置等の見直し

i　改正前の取扱い

　平成25年4月1日から令和5年3月31日までの間に、個人が、直系尊属（贈与者）と信託銀行等（信託銀行、銀行等及び証券会社）との間の教育資金管理契約に基づき信託受益権等を取得した場合には、その信託受益権等の価額のうち1,500万円までを非課税とします。受贈者が30歳に達したときに教育資金として支出されなかった残額がある場合、その残額はその年の受贈者の贈与税の課税価格に算入することとされています（税率は特別税率）。

　また、契約期間中に贈与者が死亡した場合には、原則として、その死亡日における非課税拠出額から教育資金支出額（学校等以外の者に支払われる金銭については、500万円を限度とする。）を控除した残額に、一定の計算をした金額（管理残額）を、贈与者から相続等により取得したものとされます。

　贈与者の死亡日において受贈者が①23歳未満である場合、②学校等に在学している場合又は③教育訓練給付金の支給対象となる教育訓練を受けている場合（以下「23歳未満である場合等」といいます。）には、相続等により取得したこととされません。

ii　改正のあらまし

　直系尊属から教育資金の一括贈与を受けた場合の贈与税の非課税措置について、次の措置を講じた上、その適用期限を3年（令和8年3月31日まで）延長します。

　　イ　信託等があった日から教育資金管理契約の終了の日までの間に贈与者が死亡した場合において、当該贈与者の死亡に係る相続税の課税価格の合計

額が5億円（管理残額を含めない金額）を超えるときは、受贈者が23歳未満である場合等であっても、その管理残額を、当該受贈者が当該贈与者から相続等により取得したものとみなします。

（**適用時期**）令和5年4月1日以後に取得する信託受益権等に係る相続税について適用します。

ロ　受贈者が30歳に達した場合等において、非課税拠出額から教育資金支出額を控除した残額に贈与税が課されるときは、特別税率ではなく一般税率を適用することとされます。

（**適用時期**）令和5年4月1日以後に取得する信託受益権等に係る贈与税について適用します。

参考 贈与者の死亡日における管理残額の計算方法等（イメージ）※

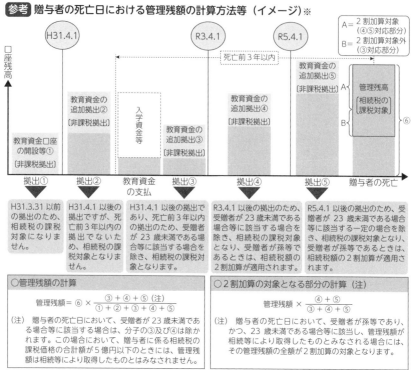

○管理残額の計算

$$管理残額 = ⑥ \times \frac{③ + ④ + ⑤ （注）}{① + ② + ③ + ④ + ⑤}$$

（注）　贈与者の死亡日において、受贈者が23歳未満である場合等に該当する場合は、分子の③及び④は除かれます。この場合において、贈与者に係る相続税の課税価格の合計額が5億円以下のときには、管理残額は相続等により取得したものとはみなされません。

○2割加算の対象となる部分の計算（注）

$$管理残額 \times \frac{④ + ⑤}{③ + ④ + ⑤}$$

（注）　贈与者の死亡日において、受贈者が孫等であり、かつ、23歳未満である場合等に該当し、管理残額が相続等により取得したものとみなされる場合には、その管理残額の全額が2割加算の対象となります。

※　贈与者が1人で、口座から払い出された金額が全て教育資金の支払に充てられている場合とします。

（参考）贈与者死亡時における管理残額の相続税課税

課税関係 ＼ 拠出時期	～H31.3.31	H31.4.1～R3.3.31	R3.4.1～R5.3.31	R5.4.1～
管理残額の相続税課税	課税なし	死亡前3年以内の非課税拠出分に限り課税あり	課税あり	課税あり
23歳未満である場合等に該当	課税なし	課税なし	課税なし	課税あり※
相続税額の2割加算	適用なし	課税なし	適用あり	適用あり

※贈与者に係る相続税の課税価格の合計額が5億円以下である場合には、課税されません。

出典：国税庁「祖父母などから教育資金の一括贈与を受けた場合の贈与税の非課税制度のあらまし」（一部加筆）

④　結婚・子育て資金の一括贈与非課税措置の見直し

ⅰ　改正前の取扱い

　平成27年4月1日から令和5年3月31日までの間に、個人が、直系尊属（贈与者）と信託銀行等との間の結婚・子育て資金管理契約に基づき信託受益権等を取得した場合には、その信託受益権等の価額のうち1,000万円までを非課税とします。受贈者が50歳に達したときなど結婚・子育て資金管理契約が終了したときに結婚・子育て資金として支出されなかった残額がある場合、その残額はその年の受贈者の贈与税の課税価格に算入されることとされています（税率は特別税率）。

　また、贈与者が死亡した場合には、非課税拠出額から結婚・子育て資金支出額を控除した残額（管理残額）を贈与者から相続又は遺贈により取得したものとみなして、相続税を計算することとされています。

ⅱ　改正のあらまし

　直系尊属から結婚・子育て資金の一括贈与を受けた場合の贈与税の非課税措置について、受贈者が50歳に達した場合等において、非課税拠出額から結婚・子育て資金支出額を控除した残額に贈与税が課されるときは、一般税率を適用することとした上、その適用期限を2年（令和7年3月31日まで）延長します。

　（適用時期）　令和5年4月1日以後に取得する信託受益権等に係る贈与税について適用します。

⑤　区分所有財産（分譲マンション）の評価方法の改正

　令和5年9月28日付けで「居住用の区分所有財産の評価について（法令解釈通達）」（以下「本件通達」といいます）が国税庁から発遣されました。これは、いわゆるタワマン節税といわれる節税策に対して、課税当局が居住用の区分所有財産（分譲マンション）の相続税評価額の適性化を図ったものです。

　分譲マンションの評価は、建物（区分所有建物）の固定資産税評価額と路線価等に基づく敷地（敷地利用権）の価額の合計額によるとされていましたが、この分譲マンションの相続税評価額が市場価格と大きく乖離する場合に、その相続税評価額（財産）と借入金（債務）の差額分だけ、他の財産額を圧縮する、これがいわゆるタワマン節税といわれるものです。

イ　改正の背景

　　相続税・贈与税における財産の価額は時価によるとされ、この「時価」とは、客観的な交換価値をいいます。土地については、売買実例価額や公示価格等を基として評価する「路線価方式」等によって評価することとしています。他方、家屋については、「固定資産税評価額」に倍率（1.0）を乗じて評価することとしています。

　　しかし、①課税当局が平成30年の分譲マンションの売買実例を分析したところ、相続税評価額と売買実例価額とが大きく乖離（平均2.34倍）するケースもみられたこと、②評価通達6（以下「6項」といいます）の適用が争われた最高裁判決以降、当該乖離に対する批判の高まりや、市場への影響を懸念する向きも見られたことから課税の公平を図りつつ、納税者の予見可能性を確保する観点からも、いわゆるタワーマンションなどの一部のものに限らず、広く一般的に評価方法を見直す必要性が高まりました。

マンションの相続税評価の方法と乖離の要因分析

○　**現行のマンションの評価方法**

　　相続等で取得した財産の時価（マンション〔一室〕の評価額）は、不動産鑑定価格や売却価格が通常不明であることから、次の①と②の合計額としている（通達）。

①　建物（区分所有建物）の価額 　　＝建物の固定資産税評価額 × 1.0		②　敷地（敷地利用権）の価額 　　＝敷地全体の面積 × 共有持分 × 平米単価（路線価等）

○　**評価額が市場価格と乖離する主な要因**

◉ 建物の評価額は、再建築価格をベースに算定されている。他方、市場価格はそれに加えて建物の総階数、マンション一室の所在階も考慮されているほか、評価額への築年数の反映が不十分だと、評価額が市場価格に比べて低くなるケースがある（建物の効用の反映が不十分）。

◉ マンション一室を所有するための敷地利用権は、共有持分で按分した面積に平米単価を乗じて評価されるが、この面積は一般的に高層マンションほどより細分化され狭小となるため、このように敷地持分が狭小なケースは立地条件の良好な場所でも、評価額が市場価格に比べて低くなる（立地条件の反映が不十分）。

　相続税評価額が市場価格と乖離する原因となっている**築年数、総階数（総階数指数）、所在階、敷地持分狭小度**の4つの指数に基づいて、評価額を補正する方向で通達の整備を行う。

　具体的には、これら4指数に基づき統計的手法により乖離率を予測し、その結果、評価額が市場価格理論値の 60％（一戸建ての評価の現状を踏まえたもの）に達しない場合は60％に達するまで評価額を補正する。

出典：国税庁「マンションに係る財産評価基本通達に関する有識者会議資料」（令和5年6月30日）

相続税評価額と市場価格の乖離の実態

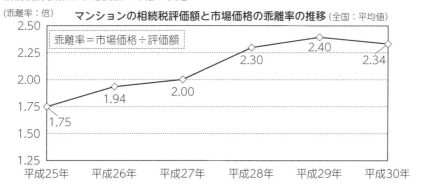

マンションの相続税評価額と市場価格の乖離率の推移 (全国：平均値)

乖離率＝市場価格÷評価額

（乖離率：倍）

平成25年	平成26年	平成27年	平成28年	平成29年	平成30年
1.75	1.94	2.00	2.30	2.40	2.34

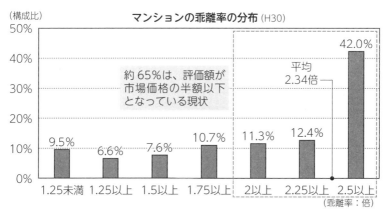

マンションの乖離率の分布 (H30)

（構成比）

約65%は、評価額が市場価格の半額以下となっている現状

平均 2.34倍

1.25未満	1.25以上	1.5以上	1.75以上	2以上	2.25以上	2.5以上
9.5%	6.6%	7.6%	10.7%	11.3%	12.4%	42.0%

（乖離率：倍）

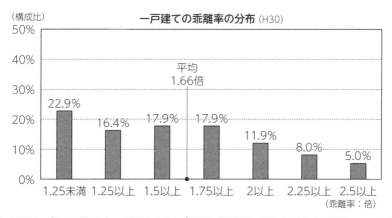

一戸建ての乖離率の分布 (H30)

（構成比）

平均 1.66倍

1.25未満	1.25以上	1.5以上	1.75以上	2以上	2.25以上	2.5以上
22.9%	16.4%	17.9%	17.9%	11.9%	8.0%	5.0%

（乖離率：倍）

注：計数はいずれも国税庁において実施したサンプル調査（平成25年～30年中に行われた取引について、不動産移転登記情報と所得税の確定申告データを突合）による。

出典：国税庁「マンションに係る財産評価基本通達に関する有識者会議資料」（令和5年6月30日）（一部加筆）

最高裁判決における財産評価基本通達 6 項の適用事例

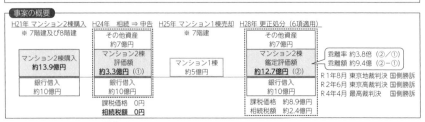

出典：国税庁「マンションに係る財産評価基本通達に関する有識者会議」資料（令和 5 年 1 月31日）

(注)　令和 5 年度与党税制改正大綱（令和 4 年12月16日決定）において、「マンションについては、市場での売買価格と通達に基づく相続税評価額とが大きく乖離しているケースが見られる。現状を放置すれば、マンションの相続税評価額が個別に判断されることもあり、納税者の予見可能性を確保する必要もある。このため、相続税におけるマンションの評価方法については、相続税法の時価主義の下、市場価格との乖離の実態を踏まえ、適正化を検討する。」とされています。

ロ　改正内容

　　新しい評価方法を一言でいうと、評価対象である分譲マンションの相続税評価額にそれぞれの分譲マンションの現況に応じた一定の倍率を乗じて、理論的な市場価格を予測し、その理論的な市場価格に一戸建て住宅と同程度の評価水準（0.6）を乗じて評価しようとするものです。

A　新しい評価方法の対象となる分譲マンション（外形上の区分）

　　一棟の区分所有建物に存する居住の用に供する専有部分一室に係る区分所有権及び敷地利用権が対象となります。

　　「一棟の区分所有建物」とは区分所有者が存する家屋で、居住の用に

供する専有部分のあるものをいいます。具体的には、区分所有建物の登記がされたものをいうこととしています。したがって、区分所有建物の登記をすることが可能な家屋であっても、課税時期において区分所有建物の登記がされていないものは、「一棟の区分所有建物」には該当しないことになります。このほか、次の点に注意してください。

① いわゆる二世帯住宅や低層の集合住宅は除きます。

地階を除く階数が2以下のもの及び居住の用に供する専有部分一室の数が3以下であってその全てを当該区分所有者又はその親族の居住の用に供するものは対象外です。

② 「居住の用に供する専有部分」とは、一室の専有部分について、構造上、主として居住の用途に供することができるものをいい、原則として、登記簿上の種類に「居宅」を含むものがこれに該当します。

③ 事業用のテナント物件や一棟所有の賃貸マンションなどについては、対象外とされています。

B 評価乖離率

　評価乖離率とは、分譲マンションの理論的な市場価格を求める際に、相続税評価額に乗じる倍数です。分譲マンションの相続税評価額にこの「評価乖離率」を乗じると「理論的な市場価格」が得られることになります。

　課税当局は、平成30年分の分譲マンションの売買実例を基として、その乖離率や乖離する要因を調べました。

　その結果、相続税評価額が市場価格（売買実例価額）と乖離する要因として考えられた、①築年数、②総階数指数、③所在階及び④敷地持分狭小度の4つの指数に基づき統計的手法（重回帰分析）により「評価乖離率」を求めました。

　この「評価乖離率」は以下の算式で求めます。

$$\boxed{評価乖離率 = A + B + C + D + 3.220}$$

「A」、「B」、「C」及び「D」は、それぞれ次によります。

「Ａ」＝当該一棟の区分所有建物の築年数×△0.033

「Ｂ」＝当該一棟の区分所有建物の総階数指数×0.239（小数点以下第
　　　　４位を切り捨てる。）

「Ｃ」＝当該一室の区分所有権等に係る専有部分の所在階×0.018

「Ｄ」＝当該一室の区分所有権等に係る敷地持分狭小度×△1.195（小
　　　　数点以下第４位を切り上げる。）

(注)　1　「築年数」は、当該一棟の区分所有建物の建築の時から課税時期までの期間とし、当該期間に１年未満の端数があるときは、その端数は１年とする。
　　　2　「総階数指数」は、当該一棟の区分所有建物の総階数を33で除した値（小数点以下第４位を切り捨て、１を超える場合は１とする。）とする（総階数に地階は含まない。）。
　　　3　「専有部分」が当該一棟の区分所有建物の複数階にまたがる場合には、階数が低い方の階を「所在階」とする。
　　　4　当該一室の区分所有権等に係る専有部分が地階である場合には、「所在階」は、零階とし、Ｃの値は零とする。
　　　5　「当該一室の区分所有権等に係る敷地持分狭小度」は、「敷地利用権」の面積を「専有部分」の面積で除した値（小数点以下第４位を切り上げる。）とする。

　　Ｃ　評価乖離率を適用する場合と適用しない場合（評価乖離率による区分）

　　　すべての分譲マンションについて評価乖離率を適用するわけではありません。その区分については、評価乖離率の逆数である評価水準（１÷評価乖離率）を使います。評価水準が低くなっていくということは相続税評価額が市場価格から乖離していくことを表し、一方、評価水準が１を超えるということは相続税評価額の方が市場価格よりも高いことを表しています。そこで、評価水準が低すぎる場合と高すぎる場合にだけ補正を行うこととしました（評価水準が適正な場合（0.6以上１以下の場合）には、補正は行わず従来の評価方法によります。）。

　　　評価乖離率により補正を行うのは次の場合です。

　　　①　評価水準が0.6未満の場合

　　　②　評価水準が１を超える場合

評価方法の見直しのイメージ

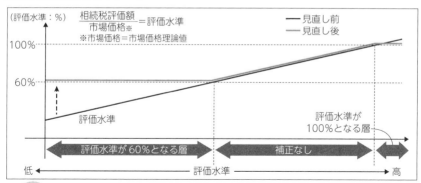

概要

① 一戸建ての物件とのバランスも考慮して、相続税評価額が市場価格理論値の60％未満となっているもの（乖離率1.67倍を超えるもの）について、市場価格理論値の60％（乖離率1.67倍）になるよう評価額を補正する。
② 評価水準60％〜100％は補正しない（現行の相続税評価額×1.0）
③ 評価水準100％超のものは100％となるよう評価額を減額する。

(注1) 令和 6 年 1 月 1 日以後の相続等又は贈与により取得した財産に適用する。
(注2) 上記の評価方法の適用後も、最低評価水準と重回帰式については、固定資産税の評価の見直し時期に併せて、当該時期の直前における一戸建て及びマンション一室の取引事例の取引価格に基づいて見直すものとする。
　　　また当該時期以外の時期においても、マンションに係る不動産価格指数等に照らし見直しの要否を検討するものとする。

出典：国税庁「マンションに係る財産評価基本通達に関する有識者会議資料」（令和 5 年 6 月30日）（一部加筆）

D　一戸建て住宅との評価水準のバランス

　　本件通達は、一戸建ての相続税評価額が市場価格（売買実例価額）の 6 割程度の評価水準となっていることを踏まえ、分譲マンションにおいても少なくとも市場価格の 6 割水準となるようにしてその均衡を図る必要があるとして、理論的な市場価格の60％相当額を「自用地としての価額」及び「自用家屋としての価額」としたものです。

　　① 評価水準が0.6未満の場合　区分所有補正率＝評価乖離率×0.6
　　② 評価水準が 1 を超える場合　区分所有補正率＝評価乖離率

相続税評価の見直し案（要旨）

1．区分所有に係る財産の各部分（建物部分及び敷地利用権部分。ただし、構造上、居住の用途に供することができるものに限る。以下「マンション一室」という。）の価額は、次の算式により計算した価額によって評価することとする。

$$\underbrace{\text{現行の相続税評価額} \times \text{当該マンション一室の評価乖離率}}_{\text{（＝重回帰式による理論的な市場価格）}} \times \text{最低評価水準0.6（定数）}$$

（注1）「マンション一室」には、総階数２階以下の物件に係る各部分及び区分所有されている居住用部分が３以下であって、かつ、その全てが親族の居住用である物件（いわゆる二世帯住宅等）に係る各部分は含まない。
（注2）評価乖離率が0.6分の１以下（約1.67以下）となるマンション一室は現行の相続税評価額×1.0とする。
（注3）評価乖離率が1.0未満となるマンション一室の評価額は次による。
　　　現行の相続税評価額×当該マンション一室の評価乖離率
（注4）不動産鑑定評価書等に照らし評価額が通常の取引額を上回ると認められる場合には、当該価額により評価する。
（注5）令和６年１月１日以後の相続等又は贈与により取得した財産に適用する。

2．上記の「評価乖離率」は、「①×△0.033＋②×0.239＋③×0.018＋④×△1.195＋3.220」により計算したものとする。
　①：当該マンション一室に係る建物の築年数
　②：当該マンション一室に係る建物の「総階数指数」として、「総階数÷33（1.0を超える場合は1.0）」
　③：当該マンション一室の所在階
　④：当該マンション一室の「敷地持分狭小度」として、「当該マンション一室に係る敷地利用権の面積÷当該マンション一室に係る専有面積」により計算した値
【参考】上記の算式は、次の（1）の目的変数と（2）の説明変数に基づく重回帰式である。
（1）目的変数　平成30年分のマンション一室の取引事例における取引価格÷当該マンション一室の相続税評価額
（2）説明変数　2．に掲げる算式における①、②、③、④

3．上記の評価方法の適用後も、最低評価水準と重回帰式については、固定資産税の評価の見直し時期に併せて、当該時期の直前における一戸建て及びマンション一室の取引事例の取引価格に基づいて見直すものとする。
　　また、当該時期以外の時期においても、マンションに係る不動産価格指数等に照らし見直しの要否を検討するものとする。
　　加えて、マンション市場価格の大幅な下落その他見直し後の評価方法に反映されない事情が存することにより、当該評価方法に従って評価することが適当でないと認められる場合は、個別に課税時期における時価を鑑定評価その他合理的な方法により算定する旨を明確化する（他の財産の評価における財産評価基本通達６項に基づくこれまでの実務上の取扱いを適用。）

出典：国税庁「マンションに係る財産評価基本通達に関する有識者会議資料」（令和５年６月30日）

　　ハ　試算

　　　　所在　都内　　37階建ての24階　（築年数　13年）
　　　　専有面積　65.00㎡　敷地利用権面積　12.00㎡
　　　　　　　　　　（敷地面積2,183.89㎡　敷地権の割合 $\frac{6,318}{1,150,000}$ ）
　　　　購入価額　１億円　（購入資金　全額借入金）
　　　　相続税評価額　3,500万円　（建物・敷地権）

このマンションの相続税評価額は次のとおりとなります。

補正後の相続税評価額　　6,804万円（区分所有補正率：1.944倍）

評価乖離率　3.240

A ＋ B ＋ C ＋ D ＋3.220

　A　13年×△0.033＝△0.429

　B　1.0×0.239＝0.239

　C　24階×0.018＝0.432

　D　12m^2÷65m^2＝0.185　　0.185×△1.195＝△0.222

（注）「区分所有補正率」は、国税庁ホームページの「居住用の区分所有財産の評価に係る区分所有補正率の計算明細書」で簡単に計算できます（25頁参照）。

　試算結果は、従前の相続税評価額3,500万円の約 2 倍の6,804万円で評価することになります。

　このため、その相続税評価額と借入金額（1.0億円）との差額は6,500万円から3,196万円に減額となっていますが、相続税の節税効果がなくなったということではありません。

二　本件通達適用に当たっての留意事項

　A　貸家建付地等の減額

　　　本件通達に基づき求める評価額は、「自用地としての価額」及び「自用家屋としての価額」ですので、その家屋が貸家の用に供されている場合には、区分所有補正率により求めた「自用地としての価額」に貸家建付地の減額（評基通26）や「貸家」についての減額（評基通93）が可能です。

　　　さらに、敷地については、小規模宅地等の特例の適用要件を満たす場合には同特例を適用することができます。

　　　本件通達が敷地利用権と区分所有権の価額を別々に求めることとしたのは、これらの評価減や特例適用を前提としているためです。

　B　取引相場のない株式評価への適用

　　　取引相場のない株式を純資産価額により評価する場合においても、本件通達による評価方法が適用されます。このため、分譲マンションを個

人、法人のいずれで取得した場合も同じ評価方法によることになります。

C　6 項の適用

　評価乖離率を求める際のデータは平成30年の売買実例なので、現時点での分譲マンションの市場価格は、評価乖離率による「理論的な市場価格」よりもかなり高くなっている可能性があります。

　しかし、本件通達に係る評価方法によることで、基本的に 6 項の問題は生じないと考えますが、課税当局は、本通達及び評価通達により評価することが著しく不適切と認められる場合には、同項が適用されるとしていますので、留意する必要があります。

居住用の区分所有財産の評価に係る区分所有補正率の計算明細書

（住居表示）	（　　　　　　　　　　　　　　　　　　　　　　　　　　　　　　　　）
所在地番	都内
家屋番号	

（令和六年一月一日以降用）

※　①から⑦まで（③を除きます。）を入力することで計算が可能です。

区分所有補正率の計算	A	① 築年数（注1） 13　年			①×△0.033 △ 0.429
	B	② 総階数（注2） 37　階	③ 総階数指数（②÷33） （小数点以下第4位切捨て、1を超える場合は1） 1.000		③×0.239 （小数点以下第4位切捨て） 0.239
	C	④ 所在階（注3） 24　階			④×0.018 0.432
	D	⑤ 専有部分の面積 65.00 ㎡	⑥ 敷地の面積 2,183.89 ㎡	⑦ 敷地権の割合（共有持分の割合） $\frac{6,318}{1,150,000}$	
		⑧ 敷地利用権の面積（⑥×⑦） （小数点以下第3位切上げ） 12.00 ㎡	⑨ 敷地持分狭小度（⑧÷⑤） （小数点以下第4位切上げ） 0.185		⑨×△1.195 （小数点以下第4位切上げ） △ 0.222
	⑩　評価乖離率（A＋B＋C＋D＋3.220）				3.240
	⑪　評　価　水　準　（　1　÷　⑩　）				0.3086419753
	⑫　区　分　所　有　補　正　率（注4・5）				1.944
備考					

(注1)　「① 築年数」は、建築の時から課税時期までの期間とし、1年未満の端数があるときは1年として計算します。

(注2)　「② 総階数」に、地階（地下階）は含みません。

(注3)　「④ 所在階」について、一室の区分所有権等に係る専有部分が複数階にまたがる場合は階数が低い方の階とし、一室の区分所有権等に係る専有部分が地階（地下階）である場合は0とします。

(注4)　「⑫ 区分所有補正率」は、次の区分に応じたものになります（補正なしの場合は、「⑫ 区分所有補正率」欄に「補正なし」と記載します。）。

区　　　　分	区分所有補正率※
評　価　水　準　＜　0.6	⑩　×　0.6
0.6　≦　評価水準　≦　1	補正なし
1　＜　評　価　水　準	⑩

※　区分所有者が一棟の区分所有建物に存する全ての専有部分及び一棟の区分所有建物の敷地のいずれも単独で所有（以下「全戸所有」といいます。）している場合には、敷地利用権に係る区分所有補正率は1を下限とします。この場合、「備考」欄に「敷地利用権に係る区分所有補正率は1」と記載します。

　　　　ただし、全戸所有している場合であっても、区分所有権に係る区分所有補正率には下限はありません。

(注5)　評価乖離率が0又は負数の場合は、区分所有権及び敷地利用権の価額を評価しないこととしていますので、「⑫ 区分所有補正率」欄に「評価しない」と記載します（全戸所有している場合には、評価乖離率が0又は負数の場合であっても、敷地利用権に係る区分所有補正率は1となります。）。

（資4-25-4-A4統一）

課評 2 -74
課資 2 -16
令和 5 年 9 月28日

各国税局長　殿
沖縄国税事務所長　殿

国税庁長官

居住用の区分所有財産の評価について（法令解釈通達）

標題のことについては、昭和39年4月25日付直資56、直審（資）17「財産評価基本通達」（法令解釈通達）によるほか、下記のとおり定めたから、令和6年1月1日以後に相続、遺贈又は贈与により取得した財産の評価については、これにより取り扱われたい。

（趣旨）
近年の区分所有財産の取引実態等を踏まえ、居住用の区分所有財産の評価方法を定めたものである。
記
（用語の意義）
1　この通達において、次に掲げる用語の意義は、それぞれ次に定めるところによる。
(1)　評価基本通達　昭和39年4月25日付直資56、直審（資）17「財産評価基本通達」（法令解釈通達）をいう。
(2)　自用地としての価額　評価基本通達25《貸宅地の評価》(1)に定める「自用地としての価額」をいい、評価基本通達11《評価の方式》から22－3《大規模工場用地の路線価及び倍率》まで、24《私道の用に供されている宅地の評価》、24－2《土地区画整理事業施行中の宅地の評価》及び24－6《セットバックを必要とする宅地の評価》から24－8《文化財建造物である家屋の敷地の用に供されている宅地の評価》までの定めにより評価したその宅地の価額をいう。

(3)　自用家屋としての価額　　評価基本通達89《家屋の評価》、89－２《文化財建造物である家屋の評価》又は92《附属設備等の評価》の定めにより評価したその家屋の価額をいう。

(4)　区分所有法　　建物の区分所有等に関する法律（昭和37年法律第69号）をいう。

(5)　不動産登記法　　不動産登記法（平成16年法律第123号）をいう。

(6)　不動産登記規則　　不動産登記規則（平成17年法務省令第18号）をいう。

(7)　一棟の区分所有建物　　区分所有者（区分所有法第２条《定義》第２項に規定する区分所有者をいう。以下同じ。）が存する家屋（地階を除く階数が２以下のもの及び居住の用に供する専有部分（同条第３項に規定する専有部分をいう。以下同じ。）一室の数が３以下であってその全てを当該区分所有者又はその親族の居住の用に供するものを除く。）で、居住の用に供する専有部分のあるものをいう。

(8)　一室の区分所有権等　　一棟の区分所有建物に存する居住の用に供する専有部分一室に係る区分所有権（区分所有法第２条第１項に規定する区分所有権をいい、当該専有部分に係る同条第４項に規定する共用部分の共有持分を含む。以下同じ。）及び敷地利用権（同条第６項に規定する敷地利用権をいう。以下同じ。）をいう。

(注)　一室の区分所有権等には、評価基本通達第６章《動産》第２節《たな卸商品等》に定めるたな卸商品等に該当するものは含まない。

(9)　一室の区分所有権等に係る敷地利用権の面積　　次に掲げる場合の区分に応じ、それぞれ次に定める面積をいう。

イ　一棟の区分所有建物に係る敷地利用権が、不動産登記法第44条《建物の表示に関する登記の登記事項》第１項第９号に規定する敷地権である場合

一室の区分所有権等が存する一棟の区分所有建物の敷地（区分所有法第２条第５項に規定する建物の敷地をいう。以下同じ。）の面積に、当該一室の区分所有権等に係る敷地権の割合を乗じた面積（小数点以下第３位を切り上げる。）

ロ　上記イ以外の場合

一室の区分所有権等が存する一棟の区分所有建物の敷地の面積に、当該一室の区分所有権等に係る敷地の共有持分の割合を乗じた面積（小数点以下第３位を切り上げる。）

⑽　一室の区分所有権等に係る専有部分の面積　　当該一室の区分所有権等に係る専有部分の不動産登記規則第115条《建物の床面積》に規定する建物の床面積をいう。

⑾　評価乖離率　　次の算式により求めた値をいう。

（算式）

評価乖離率 ＝ Ａ ＋ Ｂ ＋ Ｃ ＋ Ｄ ＋ 3.220

上記算式中の「Ａ」、「Ｂ」、「Ｃ」及び「Ｄ」は、それぞれ次による。

　「Ａ」＝当該一棟の区分所有建物の築年数×△0.033

　「Ｂ」＝当該一棟の区分所有建物の総階数指数×0.239（小数点以下第４位を切り捨てる。）

　「Ｃ」＝当該一室の区分所有権等に係る専有部分の所在階×0.018

　「Ｄ」＝当該一室の区分所有権等に係る敷地持分狭小度×△1.195（小数点以下第４位を切り上げる。）

（注）１　「築年数」は、当該一棟の区分所有建物の建築の時から課税時期までの期間とし、当該期間に１年未満の端数があるときは、その端数は１年とする。

　　　２　「総階数指数」は、当該一棟の区分所有建物の総階数を33で除した値（小数点以下第４位を切り捨て、１を超える場合は１とする。）とする。この場合において、総階数には地階を含まない。

　　　３　当該一室の区分所有権等に係る専有部分が当該一棟の区分所有建物の複数階にまたがる場合には、階数が低い方の階を「当該一室の区分所有権等に係る専有部分の所在階」とする。

　　　４　当該一室の区分所有権等に係る専有部分が地階である場合には、「当該一室の区分所有権等に係る専有部分の所在階」は、零階とし、Ｃの値は零とする。

　　　５　「当該一室の区分所有権等に係る敷地持分狭小度」は、当該一室の区分所有権等に係る敷地利用権の面積を当該一室の区分所有権等に係る専有部分の面積で除した値（小数点以下第４位を切り上げる。）とする。

⑿　評価水準　　１を評価乖離率で除した値とする。

（一室の区分所有権等に係る敷地利用権の価額）

2　次に掲げる場合のいずれかに該当するときの一室の区分所有権等に係る敷地利用権の価額は、「自用地としての価額」に、次の算式による区分所有補正率を乗じて計算した価額を当該「自用地としての価額」とみなして評価基本通達（評価基本通達25並びに同項により評価する場合における評価基本通達27《借地権の評価》及び27－2《定期借地権等の評価》を除く。）を適用して計算した価額によって評価する。ただし、評価乖離率が零又は負数のものについては、評価しない。

（算式）

(1)　評価水準が1を超える場合

　　　区分所有補正率＝評価乖離率

(2)　評価水準が0.6未満の場合

　　　区分所有補正率＝評価乖離率×0.6

(注)　1　区分所有者が次のいずれも単独で所有している場合には、「区分所有補正率」は1を下限とする。

　　　　イ　一棟の区分所有建物に存する全ての専有部分

　　　　ロ　一棟の区分所有建物の敷地

　　　2　評価乖離率を求める算式及び上記(2)の値（0.6）については、適時見直しを行うものとする。

（一室の区分所有権等に係る区分所有権の価額）

3　一室の区分所有権等に係る区分所有権の価額は、「自用家屋としての価額」に、上記2に掲げる算式（（注）1を除く。）による区分所有補正率を乗じて計算した価額を当該「自用家屋としての価額」とみなして評価基本通達を適用して計算した価額によって評価する。ただし、評価乖離率が零又は負数のものについては、評価しない。

贈与税のあらまし

1　贈与の意義

①　贈与とは

　贈与により財産を取得した場合には贈与税が課税されます（相法2の2）。この「贈与」とは、民法第549条（贈与）に「贈与は、当事者の一方がある財産を無償で相手方に与える意思を表示し、相手方が受諾をすることによって、その効力を生ずる。」と規定されています。つまり「贈与」は、財産を「あげる」「もらう」という合意をしたときに成立する契約（諾成契約）です。これを「単純贈与」といい、財産をあげる人を「贈与者」と、もらう人を「受贈者」といいます。

　贈与の意思表示は、書面でも口頭でも良いのですが、書面による場合は取り消すことができず、書面によらない場合には、その履行が終わらない部分に限り、いつでも取り消すことができます（民法550）。

　この贈与契約によって取得する財産を一般に「本来の贈与財産」といいます。一方、法形式上は贈与契約による財産の取得には当たらなくても、その経済的な効果が実質的には贈与により財産を取得した場合と同様な場合には、これを贈与とみなして贈与税を課税します。この財産を「みなし贈与財産」といいます。

　　(注)　財産とは、金銭で見積もることのできる経済的価値のある全てのものをいいます（相基通11の2－1）。土地、借地権、家屋、事業用財産、有価証券、現金預金、貴金属、貸付金債権などです。

②　特殊な贈与

　特殊な贈与の形態としては、定期贈与（民法552）、負担付贈与（民法553）及び死因贈与（民法554）があります。

　　・定期贈与　⇒　「毎年100万円ずつ10年間贈与する」というような定期の給付を目的とする贈与　⇒　定期金に関する権利として課税されます。

　　・負担付贈与　⇒　「1億円の土地建物を贈与する代わりにその土地建物の借入金6,000万円を負担させる」というような財産の贈与を受けた者に一定の給付をなすべき義務を負わせる贈与　⇒　贈与財産の価額から負担額

を控除した価額（4,000万円）が贈与税の課税価格に算入されます。
・死因贈与 ⇒ 「私が死んだらこの土地をあげる」というような財産を贈
与する者が死亡して効力が生じる贈与 ⇒ 贈与税は課税されず、相続税
の課税対象となります。

2 課税方法

　贈与税の課税方法には、原則的な課税方式である「暦年課税」と一定の要件
に該当する場合に選択することができる「相続時精算課税」の二つがあり、贈
与者ごとに選択することができます。
　それぞれの課税方式の概要は次のとおりです。

区　分	暦年課税	相続時精算課税
贈与者・受贈者	親族間のほか、第三者からの贈与を含む。	60歳以上の者から18歳以上の推定相続人及び孫への贈与
選択	不要	必要（贈与者ごと、受贈者ごとに選択）　→　一度選択すれば、相続時まで継続適用
課税時期	贈与時（その時点の時価で課税）	同左
控除	基礎控除（毎年：110万円）	【～R5.12.31】特別控除：2,500万円（限度額まで複数回使用可）➡【R6.1.1～】基礎控除（毎年）：110万円　特別控除：2,500万円（限度額まで複数回使用可）
税率	10％～55％の8段階（一般税率・特別税率）	一律20％
相続時	【～R5.12.31】相続前3年以内に受けた贈与財産を相続財産に加算⬇【R6.1.1～】相続前7年以内に受けた贈与財産を相続財産に加算（4～7年前に受けた贈与については、総額100万円まで加算しない。）	【～R5.12.31】贈与財産を贈与時の時価で相続財産に加算（相続税額を超えて納付した贈与税は還付）⬇【R6.1.1～】贈与財産を贈与時の時価（基礎控除額を除く。）で相続財産に加算（相続税額を超えて納付した贈与税は還付）

出典：財務省ホームページ（一部加筆）

3 贈与税の納税義務者

┌─ ポイント ────────────────────────────
・贈与税の納税義務者は原則として個人です。
・納税義務の及ぶ範囲は受贈者や贈与者の住所や国籍などによって異なります。
└──────────────────────────────────────

① 贈与税の納税義務者

贈与税の納税義務者は、原則として贈与により財産を取得した個人です（相法1の4、相基通1の3・1の4共－1）。

【図表1】 個人

区　分	納　税　義　務　者			
	居住無制限納税義務者	非居住無制限納税義務者	居住制限納税義務者	非居住制限納税義務者
課税の原因	贈与	贈与	贈与	贈与
住　所（財産取得時）	日本国内	日本国外	日本国内	日本国外
課税財産の範囲	日本国内外を問わず全ての財産	日本国内外を問わず全ての財産	日本国内の財産	日本国内の財産

(注) 「贈与」からは「死因贈与」を除きます。

【図表2】 納税義務者の判定

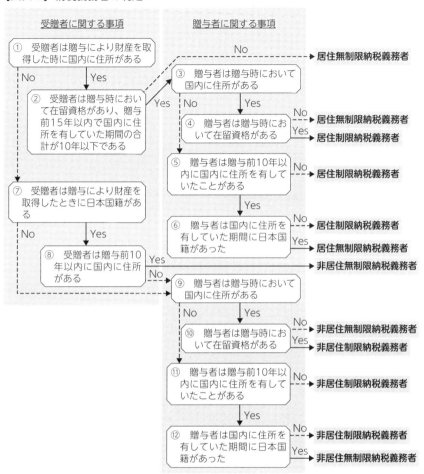

②　個人とみなされる納税義務者

　例外として代表者又は管理者の定めのある人格のない社団又は財団や、持分の定めのない法人を個人とみなして課税するケースがあります（相法66①④、相基通1の3・1の4共－2）。

【図表3】個人とみなされる納税義務者

課税の原因	財産の贈与（設立のための財産の提供を含む）

	人格のない社団等	持分の定めのない法人
例	PTA、同窓会、町内会など	一般財団法人、一般社団法人、学校法人、社会福祉法人など
要件	なし	贈与者の親族その他これらの者と特別の関係がある者の相続税又は贈与税の負担が不当に減少する結果となると認められるとき

個人とみなす（相法66①②）	個人とみなす（相法66④）

贈与税の納税義務者 法人税等が課税される場合は、その税額相当額は贈与税額から控除します（相法66⑤、相令33①②）。

4　贈与の時期

ポイント

・書面による贈与　　　　契約効力発生の時
・書面によらない贈与　　履行の時

　贈与による財産の取得時期は、図表4、5のように取り扱われます（相基通1の3・1の4共－8〜11）。

【図表4】贈与による財産の取得時期（原則）

	口頭による贈与	書面による贈与	停止条件付贈与	農地等の贈与
原則	贈与の履行の時 Ⓐ	贈与契約の効力が生じた時（注1）Ⓑ	条件が成就した時（注2）Ⓒ	農地等の所有権の移転についての農地法の規定による許可又は届出の効力が生じた日 Ⓓ

【図表5】贈与による財産の取得時期（特例）

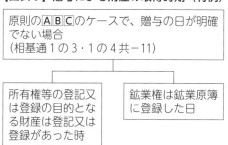

原則のⒶⒷⒸのケースで、贈与の日が明確でない場合
（相基通1の3・1の4共−11）

所有権等の登記又は登録の目的となる財産は登記又は登録があった時

鉱業権は鉱業原簿に登録した日

　（注）1　公正証書の作成後長期間所有権移転登記を行わなかった事案について、不動産の贈与の時期は下記①〜④の事実に基づき判断すべきとして、公正証書作成の時ではない旨判示されていますので注意してください（昭56.11.2神戸地裁判決）。
　　　　①　当事者が公正証書の記載と異なる言動をしていないか
　　　　②　その当時贈与をする必要があったかどうか
　　　　③　長期間所有権移転登記を行わない合理的理由があるか
　　　　④　贈与物件の現実の支配管理はどうなっているのか
　　　2　「停止条件付贈与」とは、「就職すれば車を買ってやる」というような贈与契約で「就職する」という条件が成就したときその効力が生じるものです（相基通1の3・1の4共−9(2)）。

Ⅲ

贈与税の課税財産

　前述したとおり、贈与により財産を取得した場合には贈与税が課税されます（相法2の2）。

　この「贈与」とは、民法第549条（贈与）に規定される契約であり、この贈与契約によって取得する財産を一般に「本来の贈与財産」といいます。一方、法形式上は贈与契約による財産の取得には当たらなくても、その経済的な効果が実質的には贈与により財産を取得した場合と同様な場合には、これを贈与とみなして贈与税を課税します。この財産を「みなし贈与財産」といいます。

　(注)　「財産」とは、金銭で見積もることのできる経済的価値のある全てのものをいいます（相基通11の2-1）。土地、借地権、家屋、事業用財産、有価証券、現金預金、貴金属、貸付金債権などです。

1　本来の贈与財産

　贈与者（個人）から贈与契約によって取得した財産を、一般に「本来の贈与財産」といいます。

　一方、売買や貸借などの形式をとっていても、その実質が贈与であれば、外観にとらわれることはなく贈与税が課税されます。

2 みなし贈与財産

　法律的には贈与により取得したものではない財産であっても、実質的には贈与により取得した場合と同様の経済的効果を持つ財産については、相続税法上贈与により取得したものとみなして贈与税の課税対象としています。

　次に掲げる財産がこれに当たります。

① 　生命保険金等（相法5）

② 　定期金に関する権利（相法6）

③ 　財産の低額譲受けによる利益（相法7）

④ 　債務免除等による利益（相法8）

⑤ 　その他の利益の享受（相法9）

⑥ 　信託に関する権利（相法9の2〜9の5）

⑦ 　特別の法人（持分の定めのない法人）から受ける特別の利益（相法65①）

① 　生命保険金等

　生命保険契約や損害保険契約の保険事故（被保険者の死亡又は満期）の発生により保険金を取得した場合において、その保険契約の保険料を保険金受取人以外の者が負担しているときは、保険金受取人が取得した保険金（相続又は遺贈により取得したものとみなされる部分を除きます。）のうち、次の計算式によって計算した部分の金額が保険料を負担した者から贈与により取得したものとみなされます（相法5）。

〈計算式〉

$$\text{保険金額} \times \frac{\text{被保険者及び保険金受取人以外の者が負担した保険料の額}}{\text{保険事故の発生の時までに払い込まれた保険料の総額}} = \text{贈与により取得したものとみなされる金額}$$

　これは、保険金受取人が、保険料の負担者から保険金の贈与を受けたのと何ら差異がないことから、贈与により取得したものとみなして贈与税を課税するものです。

　なお、保険金には、保険契約に基づき分配を受ける剰余金、割戻金及び払戻しを受ける前納保険料も含まれます（相基通5－1、3－8）。

（注）　相続税法第5条第1項に規定する保険金受取人は、契約上の受取人をいいますが、保険契約上の保険金受取人以外の者が現実に保険金を取得している場合において、保険金受取人の変更の手続がなされていなかったことにつきやむを得ない事情があると認められるときなど、現実に保険金を取得した者がその保険金を取得することについて相当な理由があると認められるときは、その者を保険金受取人として取り扱うこととされています（相基通5－2、3－11、3－12）。

【図表6】　生命保険金等の課税関係の表（相続の場合）

契約者	被保険者	保険料の負担者	保険金受取人	税金の種類
（父）	（父）	（子）	（子）	所得税
（父）	（父）	（父）	（子）	相続税
（父）	（父）	（母）	（子）	贈与税

同表　（満期の場合）

契約者	被保険者	保険料の負担者	保険金受取人	税金の種類
（父）	（父）	（父）	（父）	所得税
（父）	（父）	（父）	（子）	贈与税
（父）	（父）	（母）	（子）	贈与税

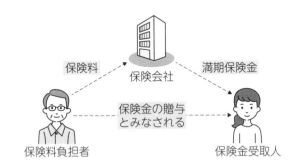

〈生命保険料の負担者はどのように判定するのか？〉

　保険料の支払能力のない者が保険契約者となっている場合、その保険料を支払っている者が、保険料の負担者となります。

　例えば、保険料の支払能力のない「子」が保険契約者となっているケース

で、その保険料を支払っている「父」が保険料の負担者となっている場合が該当します。

　ただし、父が子に現金を贈与し、子がその現金を保険料の支払に充てていることが証明できるとき（毎年の贈与契約書、所得税の生命保険料控除の状況、その他贈与の事実が認定できるもの）は、その子が保険料の負担者となります。

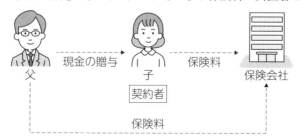

②　定期金に関する権利

　定期金給付契約（生命保険契約を除きます。）の定期金給付事由（一定の年齢に達した場合など）が発生した場合、年金の支給を受けられます。この場合その契約の掛金又は保険料を定期金受取人以外の者が負担しているときは、定期金受取人が取得した定期金給付契約に関する権利のうち、次の計算式によって計算した部分の金額を、その定期金給付事由が発生した時において、その掛金を負担した者から贈与により取得したものとみなされます（相法6①）。

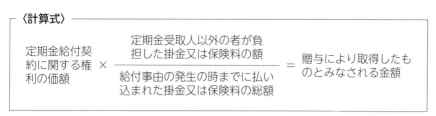

〈計算式〉

$$\text{定期金給付契約に関する権利の価額} \times \frac{\text{定期金受取人以外の者が負担した掛金又は保険料の額}}{\text{給付事由の発生の時までに払い込まれた掛金又は保険料の総額}} = \text{贈与により取得したものとみなされる金額}$$

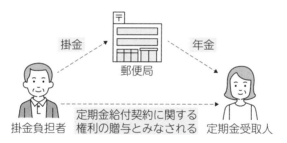

③　財産の低額譲受けによる利益

　原則として、財産の売買（譲渡）は贈与ではありませんので贈与税の対象とはなりません。しかし、著しく低い価額の対価で財産の譲渡を受けた場合は、その財産の時価と支払った対価の額との差額に相当する金額を、その譲渡があった時において、財産を譲渡した者から贈与により取得したものとみなされます（相法7）。

　この場合の時価とは、その財産の相続税評価額によるのが原則ですが、その財産が土地等（土地及び土地の上に存する権利）又は家屋等（家屋及びその附属設備又は構築物）であるときは通常の取引価額によります。

　なお、この場合であっても、その財産の譲渡を受けた者が、資力を喪失して債務を弁済することが困難であるため、その弁済に充てる目的でその者の扶養義務者からなされたものであるときは、その債務を弁済することが困難である部分の金額について贈与税は課税されません。

　(注)　相続税法第7条から第9条までに規定する「著しく低い価額の対価」であるかどうかについては、次のような考え方がありますが、取引当事者間の関係を問わないとして判定するのが相当でしょう。
　　①　相続税法第7条に規定する「著しく低い価額の対価で財産の譲渡を受けた場合」に当たるかどうかは、個々の取引について取引の事情、取引当事者間の関係等を総合勘案し、実質的に贈与を受けたと認められる金額があるかどうかにより判定することとなり、対象資産が土地等又は家屋等であり、これらの事情により同条を適用するときは、相続税評価額によらず、通常の取引価額に相当する金額によることとされます（平元.3.29付直評5、直資2-204）。
　　②　平成19年1月31日東京地裁判決は、次のように相続税法第7条の適用に当たり、取引当事者間の関係及び主観面を問わないとしています。
　　　同条は、財産の譲渡人と譲受人との関係について特段の要件を定めておらず、また、譲渡人あるいは譲受人の意図あるいは目的等といった主観的要件についても特段の規定を設けていない。このような同条の趣旨及び規定の仕方に照らすと、著しく低い価額の対価で財産の譲渡が行われた場合には、それによりその対価と時価との差額に担税力が認められるのであるから、税負担の公平という見地から同条が適用されるというべきであり、租税回避の問題が生ずるような特殊な関係にあるか否かといった取引当事者間の関係及び主観面を問わないものとするのが相当である。

④　債務免除等による利益

　対価を支払わないで、又は著しく低い価額の対価で債務の免除、引受け又は第三者のためにする債務の弁済（これらを債務免除等といいます。）による利

益を受けた場合には、その債務免除等があった時に、その利益を受けた者が、その債務免除等に係る債務の金額に相当する金額（対価を支払っている場合には、その価額を差し引いた金額）を、その債務免除等をした者から贈与により取得したものとみなされます（相法8）。

　この場合であっても、債務者が資力を喪失して債務を弁済することが困難であるケースに、①債務の免除を受けた場合又は②債務者の扶養義務者に債務の引受け又は弁済してもらった場合には、贈与とみなされた金額のうちその債務を弁済することが困難である部分の金額について、贈与税は課税されません。

【図表7】債務免除の場合

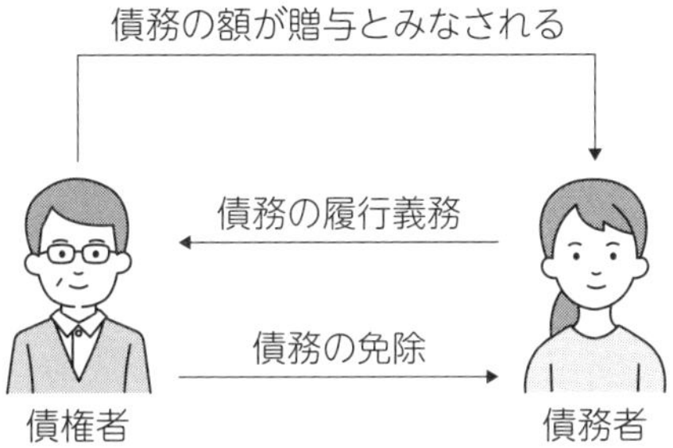

⑤　その他の利益の享受

　財産の低額譲受けや債務免除等以外でも利益を受けている場合には、その他の利益の享受として贈与税の対象となります。

　これは、対価を支払わないで又は著しく低い価額の対価で利益を受けた場合には、その利益を受けた者が、その時に、その利益の価額に相当する金額を、贈与により取得したものとみなされます（相法9）。

　この場合であっても、資力を喪失して債務を弁済することが困難である場合において、その者の扶養義務者から、その債務の弁済に充てるためにされたものであれば、その受けた利益のうち、債務を弁済することが困難である部分の金額については、贈与税は課税されません。

　（注）　利益の享受とは、おおむね利益を受けた者の財産の増加、債務の減少があった場合等をいいます（相基通9-1）。

「その他の利益の享受」に関する取扱いは幅広く、主なものは次のとおりです。

ⅰ　同族会社の株式又は出資の価額が増加した場合

同族会社の株式又は出資の価額が、次に掲げる場合に該当して増加したときにおいては、株主又は社員が、その増加した部分に相当する金額を、贈与により取得したものとして取り扱われます（相基通9－2）。

① 　同族会社に対し無償で財産を提供した場合

② 　時価より著しく低い価額で現物出資をした場合

③ 　対価を受けないで同族会社の債務の免除、引受け又は弁済をした場合

④ 　同族会社に対し時価より著しく低い価額の対価で財産を譲渡した場合

(注)1　同族会社とは、会社の株主等の3人以下並びにこれらと法人税法施行令第4条で定める特殊の関係のある個人及び法人が有する株式の総数又は出資の金額の合計額が、その会社の発行済株式の総数又は出資総額の100分の50超に相当する会社をいいます（法法2十）。

【図表8】同族会社に対し無償で財産の提供があった場合

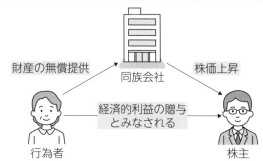

2　会社に対し財産の無償提供があった場合には、会社の財産が増加したことにより法人税の課税関係が生じますので、株式の価額（純資産価額）の増加額は、法人税額等相当額控除後の金額となります（評基通185）。
　また、その会社が類似業種比準方式により評価する場合の増加額は、①直前期末において財産の無償提供があったものと仮定して計算した類似業種比準価額から、②直前期末において財産の無償提供がなかったものとして計算した類似業種比準価額を控除した金額によります。

ⅱ　同族会社の募集株式引受権

同族会社が新株の発行（その同族会社の有する自己株式の処分を含みます。）をする場合に、その新株に係る引受権（募集株式引受権）の全部又は一部が①募集株式の申込者及び②募集株式の総数の引受けを行う契約によりその総数を

引き受けた者（いずれもその同族会社の株主の親族等に限ります。）に与えられ、募集株式引受権に基づき新株を取得したときは、その募集株式引受権が給与所得又は退職所得として所得税の課税対象となる場合を除き、原則として、株主の親族等が、募集株式引受権を株主から贈与によって取得したものとして取り扱われます（相基通9-4）。

(注)1　「募集株式引受権」とは、株主が従来の持株数に比例して新株を優先的に割当てを受ける権利をいいます。
　　2　「親族等」とは、株主の親族及び株主と特別の関係のある者をいいます（相基通9-4かっこ書）。

イ　贈与により取得したものとみなされる募集株式引受権の数
　次の計算式により計算します（相基通9-5）。

〈計算式〉

$$A \times \frac{C}{B} = その者の親族等から贈与を受けた募集株式引受権の数$$

A：他の株主と同じ条件により与えられる募集株式引受権の数を超えて与えられた者のその超える部分の募集株式引受権の数

B：法人の株主が他の株主と同じ条件により与えられる募集株式引受権のうち、その者の取得した新株の数が、当該与えられる募集株式引受権の数に満たない数の総数

C：Bの募集株式引受権の総数のうち、Aに掲げる者の親族等（親族等が2人以上あるときは、親族等の1人ごと）の占めているものの数

・X社（資本金500万円、発行済株式数10万株）は、倍額増資をすることとなり、募集新株引受権を払込金額50円で次のように与え、それぞれ引き受けられた、A、B、Cは親族である。

	①増資前の所有株式数	②与えられた（引き受けた）新株
A	50,000 株	10,000 株
B	30,000	10,000
C	20,000	80,000
計	100,000	100,000

・増資比率に応じる募集新株引受権の過不足数

	①増資前の所有株数	②増資比率による株数	③与えられた （引き受けた）新株	④過不足の数 （③－②）
A	50,000　　　株	50,000　　　株	10,000　　　株	△40,000　　　株
B	30,000	30,000	10,000	△20,000
C	20,000	20,000	80,000	60,000
計	100,000	100,000	100,000	$\left(\begin{array}{c}△60,000\\60,000\end{array}\right)$

・贈与により取得したものとする募集新株引受権数

① Aから贈与により取得したもの

$$60,000株 \times \frac{40,000株}{40,000株 + 20,000株} = 40,000株$$

② Bから贈与により取得したもの

$$60,000株 \times \frac{20,000株}{40,000株 + 20,000株} = 20,000株$$

ロ　募集新株引受権の価額

【図表9】新株の発行と募集株式引受権

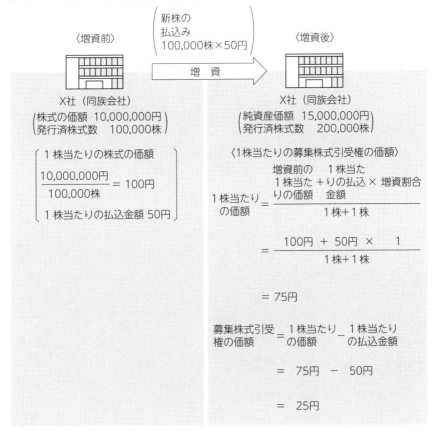

ハ　贈与を受けたものとみなされる金額

　　AからCに対する贈与　25円×40,000株＝1,000,000円

　　BからCに対する贈与　25円×20,000株＝500,000円

【図表10】 募集株式引受権の利益に対する課税

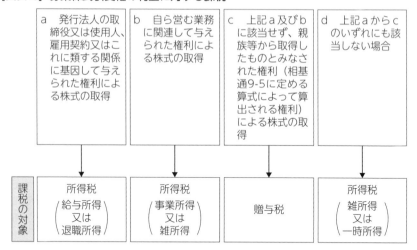

iii　同族会社の新株発行に伴う失権株に係る新株発行が行われなかった場合

　同族会社の新株発行に際し、その申込み又は出資の履行をしなかった新株（以下「失権株」といいます。）に係る新株発行が行われなかったことにより結果的に新株発行割合を超えた割合で新株を取得した者があるときは、その者のうち失権株主の親族等については、失権株の発行が行われなかったことにより受けた利益をその者の親族等である失権株主のそれぞれから贈与によって取得したものとして取り扱うものとされています（相基通9-7）。

　（注）　新株発行割合とは、新株の発行前の同族会社の発行済株式の総数に対する新株発行により出資の履行があった新株の総数の割合をいいます。

iv　財産の名義変更があった場合

　不動産、株式等の名義の変更があった場合において対価の授受が行われていないとき又は他の者の名義で新たに不動産、株式等を取得した場合には、これらの行為は原則として贈与として取り扱われます（相基通9-9）。

　贈与は、一般に夫婦間・親子間といった親族間で行われますので、贈与事実の確認が外観からは困難なことが多いため、このような取扱いをしているものです。

　しかし、財産の名義の変更等があった場合でも、それが贈与の意思に基づく

ものではなく他のやむを得ない理由に基づいて行われたことが明らかな場合（図表11の例外）は贈与税の課税の対象とはされません（「名義変更が行われた後にその取消し等があった場合の贈与税の取扱いについて」昭和39年5月23日通達）。

【図表11】財産の名義変更があった場合の取扱い

無償で財産の名義を変更した場合	取得した財産の名義を他人名義にした場合	子や孫が親や祖父母から財産を取得するために資金援助を受けた場合で、その援助が貸借の形式をとっていても実質的に贈与と認められるとき	共働き夫婦が財産を取得し、夫又は妻のどちらか一方の名義にした場合、財産の取得に充てた資金のうち他の一方が負担した部分

原則

名義人となった人が、その財産を贈与によって取得したものとされる（相基通9-9）

例外

・財産の名義人となった者がその名義人となっている事実を知らなかったこと
・名義人となった者がその財産の使用収益又は管理運用などをしていないこと
・他人名義としたことが過誤に基づき、又は軽率にされたものであり、かつ、それが確認できるとき
・他人名義としたことが法令等に基づく所有の制限その他真にやむを得ない理由に基づいて行われた場合で、その名義人との合意により名義を借用したものであり、かつ、その事実が確認できるとき

ⅴ　無利子の金銭貸与等

　夫と妻、親と子、祖父母と孫等特殊の関係がある者相互間で、無償又は無利子で土地、建物、金銭等の貸与があった場合、地代、家賃又は利子に相当する経済的利益を受けたものとして取り扱われます。

　ただし、その利益を受ける金額が少額である場合又は課税上弊害がないと認められる場合には、強いて課税しないこととされています（相基通9-10）。

　なお、親子間等の金銭の授与に当たって、貸借や、実質的に贈与であるにもかかわらず、形式上貸借としている場合には、その金銭の授与は、贈与税が課されます。

vi　共有持分の放棄

　共有財産の共有者の１人が、その持分を放棄（相続の放棄を除きます。）したときは、その者の持分は、他の共有者が各自の持分の割合に応じて贈与により取得したものとして取り扱われます（相基通９－12）。

　　（注）　共有物の共有者の１人が、その持分を放棄したとき又は相続人がいなくて死亡したときは、その持分は他の共有者に帰属します（民法255）。

vii　配偶者居住権が合意等により消滅した場合

　配偶者居住権は平成30年の民法改正で創設された権利で、夫婦の一方に相続が開始した場合に、残された配偶者が被相続人が所有していた建物に、亡くなるまで又は一定期間居住することができるものです。

　この配偶者居住権が、被相続人から配偶者居住権を取得した配偶者と当該配偶者居住権の目的となっている建物の所有者との間の合意若しくは配偶者による配偶者居住権の放棄により消滅した場合又は民法第1032条第４項《建物所有者による消滅の意思表示》の規定により消滅した場合において、当該建物の所有者又はその建物の敷地の用に供される土地等の所有者（建物等所有者）が、対価を支払わなかったとき、又は著しく低い価額の対価を支払ったときは、原則として当該建物等所有者が、その消滅直前に、当該配偶者が有していた当該配偶者居住権の価額に相当する利益又は当該土地を当該配偶者居住権に基づき使用する権利の価額に相当する利益に相当する金額（対価の支払があった場合には、その価額を控除した金額）を、当該配偶者から贈与によって取得したものとして取り扱われます。

　なお、民法の規定により配偶者居住権が消滅した場合には、贈与により取得したものとは取り扱われません（相基通９－13の２）。

viii　共働き夫婦が住宅等を購入した場合

　個人が、金融機関からの借入金により住宅又は敷地を取得した場合に、その借入金の返済が借入者以外の者の負担によってされているときは、その負担部分は借入者に対する贈与とみなされます。

　ただし、借入者や返済者が共働きの夫婦で、かつ、事実上夫婦の収入により借入金の返済が共同でされていると認められるときは、その所得按分で負担しているとして取り扱われます。

〔例〕

　共働き夫婦がマンションを全額借入金で購入しました。その返済を夫婦共同で行っていく場合、贈与税の課税関係はどうなりますか。

借入金　30,000,000円（RX年の返済額3,000,000円）
夫の所得　5,000,000円
妻の所得　3,000,000円

夫のみ登記	妻のみ登記	夫 $\frac{5}{8}$　妻 $\frac{3}{8}$ と登記
夫が妻から贈与を受けた金額（RX年分） 3,000,000円 × $\frac{3,000,000円}{5,000,000円+3,000,000円}$ ＝　1,125,000円	妻が夫から贈与を受けた金額（RX年分） 3,000,000円 × $\frac{5,000,000円}{5,000,000円+3,000,000円}$ ＝　1,875,000円	夫と妻の負担額に応じて、共有持分を定め、夫妻の共有財産として登記 →贈与税は課税されない 夫の持分 $\frac{5,000,000円}{5,000,000円+3,000,000円} = \frac{5}{8}$ 妻の持分 $\frac{3,000,000円}{5,000,000円+3,000,000円} = \frac{3}{8}$

贈与税の非課税財産

1　非課税財産とは

　贈与により取得した財産でも、公益性や社会政策的見地あるいは国民感情の面からみて贈与税を課税することが適当でないものがあります。そうした贈与税の課税対象から除外することが相当と認められる財産（非課税財産）については、贈与税の課税価格に算入されません。

① 法人からの贈与により取得した財産（相法21の3①一）

② 扶養義務者から生活費や教育費として贈与を受けた財産（相法21の3①二）

③ 公益事業用財産（相法21の3①三）

④ 一定の特定公益信託から交付を受ける金品（相法21の3①四）

⑤ 心身障害者共済制度に基づく給付金の受給権（相法21の3①五）

⑥ 公職選挙の候補者が贈与により取得した財産（相法21の3①六）

⑦ 特定障害者扶養信託契約に基づく信託受益権（相法21の4）

⑧ 社交上必要と認められる香典・祝物・見舞金等（相基通21の3－9）

⑨ 相続開始の年に被相続人から贈与を受けた財産（相法21の2④）

　このうち、主なものは以下のとおりです。

2　法人からの贈与

　贈与税の納税義務者である受贈者は、原則として、個人に限るとともに贈与者も個人に限るとされています（相法1の4①）。

　したがって、法人については、相続税の補完という問題が生じないので、法人から贈与により取得した財産については、贈与税を非課税とし、所得税（一時所得）を課すこととしています（所基通34－1(5)）。

【図表12】個人・法人の贈与の課税

贈与者＼受贈者	個　人	法　人
個　人	贈与税	法人税 （人格のない社団等の場合は、贈与税）
法　人	所得税 （一時所得）	法人税

3 扶養義務者から生活費や教育費として贈与を受けた財産

　扶養義務者相互間における生活費又は教育費の贈与で、通常必要と認められるものについては贈与税が課されません（相法21の3①二）。

（注）1　「扶養義務者」とは、次の者をいいます（民法877、相法1の2一、相基通1の2－1）。扶養義務者に該当するかどうかは、贈与の時の状況により判断します。
　　①　配偶者
　　②　直系血族及び兄弟姉妹
　　③　家庭裁判所の審判を受けて扶養義務者となった三親等内の親族
　　④　三親等内の親族で生計を一にする者
　　2　贈与税の課税対象とならない「生活費」とは、その者の通常の日常生活を営むのに必要な費用（教育費を除きます。）をいい、治療費や教育費その他これらに準ずるもの（保険金又は損害賠償金により補てんされる部分の金額を除きます。）を含むものとして取り扱われます（相基通21の3－3）。
　　3　贈与税の課税対象とならない「教育費」とは、子や孫などの被扶養者の教育上通常必要と認められる学資、教材費、文具費等をいい、義務教育に係る費用に限りません（相基通21の3－4）。
　　　なお、個人から受ける入学祝等の金品は、社交上の必要によるもので贈与をした者と贈与を受けた者との関係等に照らして社会通念上相当と認められるものについては、贈与税の課税対象となりません（相基通21の3－9）。
　　4　贈与税の課税対象とならない生活費又は教育費は、生活費又は教育費として必要な都度直接これらの用に充てるために贈与を受けた財産をいうものとされています。したがって、生活費又は教育費の名義で取得した財産を預貯金にしたとき、株式や家屋の購入費用に充てたとき等のように、その生活費又は教育費に充てられなかった部分については、贈与税の課税対象となります（相基通21の3－5）。
　　5　「教育費」については、「直系尊属から教育資金の一括贈与を受けた場合の贈与税の非課税措置（措法70の2の2）」が設けられています。
　　　また、結婚、出産、育児に要する費用についても、別途、「直系尊属から結婚・子育て資金の一括贈与を受けた場合の贈与税の非課税措置（措法70の2の3）」が設けられています。

4 公益事業用財産

　宗教、慈善、学術その他公益を目的とする事業を行う者で一定の要件に該当するものが贈与により取得した財産で、その公益を目的とする事業の用に供されることが確実なものは、贈与税が課されません（相法21の3①三、相令4の5、2）。

　なお、贈与により取得した財産をその取得した日から2年を経過した日にお

いて、なおその事業の用に供していないとき又はその用に供しなくなったとき
は、その財産について贈与税が課されます（相法21の3②、12②、相基通12-
6）。

5 相続開始の年に被相続人から贈与を受けた財産

　相続又は遺贈により財産を取得した者がその相続開始の年において当該相続
に係る被相続人から受けた贈与により取得した財産については、相続税の課税
価格に加算して相続税が課税されることになりますので、この財産について贈
与税が課されません（相法21の2④、19）。

　下図のように、甲の相続開始の年に、乙が甲から贈与により財産を取得した
場合であっても、

①　乙が甲から相続又は遺贈により財産を取得したときは、贈与税の課税価
　　格には算入せず、相続税の課税価格に算入されます（相法21の2④）。

②　一方、乙が甲から相続又は遺贈により財産を取得しなかったときには、
　　通常の例により贈与税が課税されます。

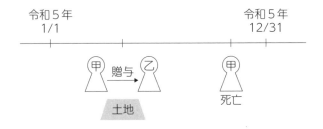

V

暦年課税と
相続時精算課税

暦年課税制度

　贈与税の計算は、原則として受贈者について、その年1月1日から12月31日までの1年間に贈与された財産の価額を合計して行います。この場合、1年間に110万円の基礎控除額がありますので、贈与された財産の合計額が110万円以下であれば贈与税は課税されません。

(1)　贈与税の課税価格

　　贈与税の課税価格は、その年1月1日から12月31日までの1年間に贈与された財産の価額の合計額から非課税財産の価額を差し引いて計算します。

(2)　贈与税の税率

　　基礎控除後の課税価格に対して、贈与者と受贈者との続柄及び受遺者の年齢に応じ、「一般税率」又は「特別税率」を適用して計算します。

　　「特別税率」は、直系尊属である贈与者から財産の贈与を受け、かつ、受贈者が贈与の年の1月1日において18歳以上である場合に適用されます。

〈令和5年度税制改正事項〉

　暦年課税に係る贈与税については改正がありませんが、相続税については次のような改正がありました。

①　内　容

　　相続又は遺贈により財産を取得した者が、その相続開始前7年以内に被相続人から贈与により取得した財産がある場合には、次図のようにその取得した財産の贈与時の価額を相続財産に加算します。

　　ただし、延長された4年間に贈与により取得した財産の価額については、総額100万円まで加算されません。

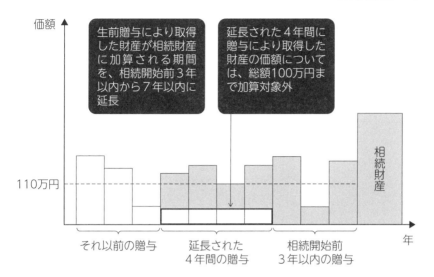

② 加算対象期間

　この改正は、令和6年1月1日以後に贈与により取得する財産に係る相続税について適用されます。具体的な贈与の時期等と加算対象期間は次のとおりです（Ⅰ　令和5年度税制改正事項の10頁参照）。

贈与の時期		加算対象期間
～令和5年12月31日		相続開始前3年間
令和6年1月1日～	贈与者の相続開始日	
	令和6年1月1日～令和8年12月31日	相続開始前3年間
	令和9年1月1日～令和12年12月31日	令和6年1月1日～相続開始日
	令和13年1月1日～	相続開始前7年間

（注）1　「相続開始前3年以内に取得した財産以外の財産」については、その財産の価額の合計額から100万円を控除した残額が相続又は遺贈により財産を取得した者の相続税の課税価格に加算されます。
　　　2　相続又は遺贈により財産を取得した日が令和9年1月1日である場合においては、その相続に係る「相続開始前3年以内に取得した財産以外の財産」に係る期間はないことになります。

③　具体例

問　夫は、令和10年４月１日に亡くなり、長男と長女は相続により財産を取得しました。長男と長女が夫から生前に贈与（暦年課税）により取得していた財産の価額は次のとおりです。これらの財産の価額は夫の相続財産にどのように加算されますか。

贈与年月日	①令和５年 ４月１日	②令和６年 ３月10日	③令和７年 ３月15日	④令和７年 ５月20日	⑤令和８年 ５月15日
長男	200万円	200万円	100万円	100万円	200万円
長女	200万円	150万円	300万円	200万円	200万円

答　お尋ねの場合、相続開始日が令和10年４月１日のため、加算対象期間は令和６年１月１日から相続開始日までの間となります。したがって、②から⑤までの贈与により取得した財産の価額が相続税の課税価格に加算されます。

　なお、この加算の対象となる財産のうち相続開始前３年以内の贈与により取得した財産以外の財産については、その財産の価額の合計額から100万円を控除した残額が相続税の課税価格に加算されます。

　したがって、各人の相続税の課税価格に加算される贈与により取得した財産の価額は、次のとおりです。

　　　　　　〔相続開始前３年以内の贈与以外の贈与財産〕　　〔相続開始前３年以内の贈与財産〕
　長男：〔（②200万円＋③100万円）－100万円〕＋〔④100万円＋⑤200万円〕＝500万円
　長女：〔（②150万円＋③300万円）－100万円〕＋〔④200万円＋⑤200万円〕＝750万円

　また、①の贈与により取得した財産の価額については、令和５年12月31日以前の贈与のため、相続税の課税価格に加算されません。

出典：国税庁「令和５年度相続税及び贈与税の税制改正のあらまし」（一部加筆）

相続時精算課税制度

〈贈与時〉

1 相続時精算課税制度 とは

　財産の贈与を受けた者で、一定の要件に該当する場合には、納税者の選択により、贈与時には贈与財産に対する贈与税額（特別控除額：累積2,500万円、税率：一律20％）を支払い、その後の相続時にその贈与財産と相続財産とを合計した価額を基に計算した相続税額から、既に支払ったその贈与税を控除することにより贈与税・相続税を通じた納税をすることができるものです。

【図表13】相続時精算課税と暦年課税の概要（令和5年分）

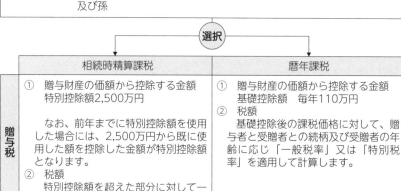

相続時精算課税を選択できる場合（年齢は贈与の年の1月1日現在のものです。）
・贈与者　→　60歳以上の者（住宅取得等資金の贈与の場合には特例があります。）
・受贈者　→　18歳以上の推定相続人（子が亡くなっているときには孫を含みます。）
　　　　　　　及び孫

選択

	相続時精算課税	暦年課税
贈与税	① 贈与財産の価額から控除する金額 　特別控除額2,500万円 　なお、前年までに特別控除額を使用した場合には、2,500万円から既に使用した額を控除した金額が特別控除額となります。 ② 税額 　特別控除額を超えた部分に対して一律20％の税率で計算します。	① 贈与財産の価額から控除する金額 　基礎控除額　毎年110万円 ② 税額 　基礎控除後の課税価格に対して、贈与者と受贈者との続柄及び受贈者の年齢に応じ「一般税率」又は「特別税率」を適用して計算します。

相続時に精算

	相続時精算課税	暦年課税
相続税	贈与者が亡くなった時の相続税の計算上、相続財産の価額に相続時精算課税を適用した贈与財産の価額（贈与時の価額）を加算して相続税額を計算します。 　その際、既に支払った贈与税相当額を相続税額から控除します。なお、控除しきれない金額は還付を受けることができます。	贈与者が亡くなった時の相続税の計算上、原則として、相続財産の価額に贈与財産の価額を加算する必要はありません。 　ただし、相続又は遺贈により財産を取得した者が、相続開始前3年以内に贈与を受けた財産の価額（贈与時の価額）は加算しなければなりません。

(注)1 「相続時精算課税」を選択すると、その選択に係る贈与者から贈与を受ける財産については、その選択をした年分以後、全て相続時精算課税が適用されることとなり、「暦年課税」へ変更することはできません。
　　2 相続時精算課税において、「相続時精算課税選択届出書」を贈与税の納税地の所轄税務署長に提出した受贈者を「相続時精算課税適用者」といい、当該届出書に係る贈与者を「特定贈与者」といいます（相法21の9⑤）。

〈令和5年度税制改正事項〉

○相続時精算課税に係る基礎控除の創設

　相続時精算課税適用者が、特定贈与者から<u>令和6年1月1日以後</u>に贈与により取得した財産に係るその年分の贈与税については、暦年課税の基礎控除とは別に、贈与税の課税価格から基礎控除額110万円^{（※）}が控除されます。

　また、特定贈与者の死亡に係る相続税の課税価格に加算されるその特定贈与者から<u>令和6年1月1日以後</u>に贈与により取得した財産の価額は、基礎控除額を控除した後の残額とされます。

> ※　同一年中に、2人以上の特定贈与者からの贈与により財産を取得した場合の基礎控除額110万円は、特定贈与者ごとの贈与税の課税価格で按分します。
>
> （注）　相続時精算課税を選択した場合、その特定贈与者からの贈与について暦年課税の基礎控除の適用はできません。

改正後のイメージ

《計算例》　相続時精算課税を適用した贈与財産が3,300万円、相続財産が1,500万円である場合
（法定相続人：配偶者1人、子2人）

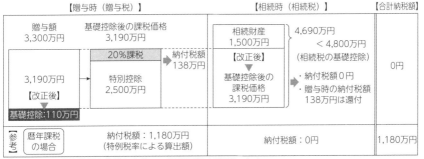

ポイント：基礎控除額を控除した後に、特別控除を適用します。

出典：国税庁「令和5年度相続税及び贈与税の税制改正のあらまし」（一部加筆）

○特定贈与者が2人以上いる場合の基礎控除の計算

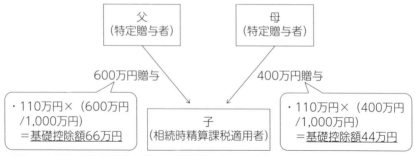

(注)1　相続時精算課税に係る基礎控除の額は、各年分において、相続時精算課税
　　　適用者ごとに110万円となります。
　　2　按分した基礎控除額に1円未満の端数がある場合には、合計額が110万円
　　　になるようにその端数を調整して差し支えありません。

○同一の孫に対して祖父が相続時精算課税で贈与、祖母が暦年課税で贈与する
　場合の基礎控除

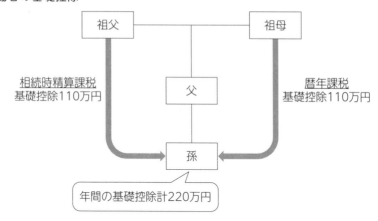

2　適用対象者

　相続時精算課税の適用を受けるためには、次のとおり受贈者及び贈与者につ
いて一定の要件があります（相法21の9①、措法70の2の6①）。

①　受贈者（相続時精算課税適用者）

　受贈者とは、贈与者の直系卑属（子や孫など）である推定相続人及び孫のうち、贈与を受けた年の1月1日において18歳以上である者をいいます。

　（注）　令和4年3月31日以前に贈与を受けた場合は20歳以上です（平成31年改正法附則23③）。

　「贈与をした者の推定相続人」とは、贈与をした日現在においてその贈与をした者の最先順位の相続権（代襲相続権を含みます。）を有する者をいい、推定相続人であるかどうかの判定は、その贈与の日において行います（相基通21の9－1）。

　また、年の途中で推定相続人又は孫となった場合は、推定相続人又は孫となった時前に贈与を受けた財産には相続時精算課税が適用されません（相法21の9④、措法70の2の6②）が、この適用のない受贈財産に係る贈与税額は、暦年課税により計算することとなるため、110万円の基礎控除（相法21の5、措法70の2の4）の適用があります（相基通21の9－4）。

Q & A

○受贈者が外国に居住している場合の相続時精算課税の適用

Q：10年前から英国に居住する甲（40歳）は、M市に在住する父（70歳）からM市の土地の贈与を受ける予定です。甲は、当該贈与について相続時精算課税の適用を受けることができますか。

A：受贈者が外国に居住している場合についても、相続時精算課税の要件を満たしているときは、贈与について相続時精算課税の適用を受けることができます。

　　したがって、照会のケースも相続時精算課税の要件を満たす場合には、当該贈与について相続時精算課税の適用を受けることができます。

②　贈与者

　贈与者とは、贈与をした年の1月1日において60歳以上である者をいいます。

3 適用対象となる財産等

　相続時精算課税の適用に当たって、贈与財産の種類（贈与によって取得したものとみなされる財産を含みます。）、贈与財産の価額並びに贈与回数に関する制限はありません。

Q & A

〇国外財産の贈与を受けた場合の相続時精算課税の適用

Q：　私は、海外に所在する土地を、父からの贈与により取得しました。この贈与に係る贈与税の申告に当たり、相続時精算課税の適用を受けられますか。

　　　また、この場合には、贈与税の計算上、当該土地に係る贈与について課せられた当地の贈与税額（外国税額）を控除することができますか。

　　　さらに、贈与者である父に相続が発生した場合には、相続税の申告に当たり、今回の贈与税の課税価格を相続税の課税価格に加算し、相続税額から贈与税額を控除することになりますが、その際の贈与税額は外国税額を控除する前の税額でよろしいですか。

A：　国外財産の贈与についても相続時精算課税の適用を受けることができます。

　　　この場合、贈与税の計算上、国外財産に対する外国税額を控除することができます。

　　　さらに、贈与者に相続が発生した場合に相続税額から控除する贈与税額は、外国税額を控除する前の税額となります。

4 適用手続

　相続時精算課税の適用を受けようとする受贈者は、贈与を受けた財産に係る贈与税の申告期限までに相続時精算課税選択届出書（贈与者ごとに作成が必要）及び一定の書類を贈与税の申告書に添付し、贈与税の納税地の所轄税務署長に提出する必要があります（相法21の9②、相令5①②、相規10、11）。

　相続時精算課税選択届出書を提出した場合には、その届出書に係る贈与者からの贈与により取得する財産については、相続時精算課税を適用した年分以

後、全てその適用を受けることとされています（相法21の9③）。

　なお、提出された相続時精算課税選択届出書は撤回することはできません（相法21の9⑥）。

　また、贈与により財産を取得した者が当該財産について相続時精算課税選択届出書をその提出期限までに提出しなかった場合には、相続時精算課税の適用を受けることはできません（相基通21の9－3）。

〔事例1〕

　長女、次女が父から財産の贈与を受けた場合、長女、次女のそれぞれが父からの贈与について相続時精算課税の適用を受けるか否かを選択することになります。

〔事例2〕

　子が父母から財産の贈与を受けた場合、子は父母のそれぞれについて相続時精算課税の適用を受けるか否かを選択することになります。

〈令和5年度税制改正事項〉

　相続時精算課税に基礎控除（110万円）が創設されたことに伴い、贈与税の申告をする必要がない場合には、相続時精算課税選択届出書は単独で提出することになります。この場合、相続時精算課税選択届出書の提出期限は贈与税の申告期限となります（相基通21の9-3）。

改正前	改正後	
贈与税の申告書＋ 相続時精算課税選択届出書	基礎控除以下の贈与	基礎控除超の贈与
	相続時精算課税選択届出書	贈与税の申告書＋ 相続時精算課税選択届出書

　相続時精算課税選択届出書には、受贈者の戸籍の謄本又は抄本その他の書類で受贈者の氏名、生年月日、受贈者が贈与者の推定相続人又は孫であることを証する書類を添付しなければなりません（相法21の9②、相令5②、相規11、措規23の5の6）。

Q & A

○相続時精算課税を選択した場合の少額贈与

Q：　相続時精算課税を選択した場合には、特定贈与者から、暦年課税に係る贈与税の基礎控除額（110万円）以下の贈与を受けた場合であっても贈与税の申告は必要ですか。

A：①　令和5年分までは相続時精算課税をいったん選択した場合の特定贈与者からの贈与については、暦年課税に係る贈与税の基礎控除の適用を受けることはできませんので、「相続時精算課税選択届出書」を提出した年分以降、特定贈与者からの贈与により取得した財産については、その金額の多寡にかかわらず、全て贈与税の申告をしなければなりません。

　　　また、将来の特定贈与者の死亡に係る相続税の計算において、相続時精算課税の選択後における特定贈与者から贈与を受けた財産については、贈与税の申告の有無にかかわらず相続時精算課税適用者の相続税の課税価格に算入されることとなります。

　　②　令和5年度税制改正により相続時精算課税においても基礎控除（110万円）が創設されたことから、令和6年1月1日以後に相続時精算課税に係る贈与により取得した財産の価額の合計額が基礎控除以下の場合には贈与税の申告をする必要はありません。

○相続時精算課税に係る特別控除の繰越し（期限後申告）

Q：　相続時精算課税適用対象財産に係る贈与税の期限後申告については特別控除の適用を受けることができないこととされていますが、その特別控除に相当する額は翌年以降に繰り越すことができますか。

A：　相続時精算課税に係る贈与税の特別控除は、贈与税の課税価格から特定贈与者ごとに各年にわたり2,500万円までを限度（累積）として控除することができることとされています。

　　特定贈与者から財産の贈与を受けた場合の贈与税の計算は、前年以前において適用を受けなかった金額を含めて計算することとされていますので、期限後申告になったことにより適用を受けなかった特別控除の額は、翌年以降に繰り越すことができます。

　　なお、令和6年分から適用される相続時精算課税に係る基礎控除（110万円）は、期限後申告であっても控除することができます。

5　贈与の年の途中に贈与者が死亡した場合及び受贈者が申告期限前に死亡した場合の申告等

　贈与者が贈与をした年の中途において死亡した場合又は贈与により財産を取得した者が相続時精算課税選択届出書の提出期限前に当該届出書を提出しないで死亡した場合において、その贈与を受けた財産について相続時精算課税の適用を受けるために提出する相続時精算課税選択届出書の提出先及び提出期限は、次に掲げる場合に応じ、それぞれに掲げるところによります（相基通21の9－2）。

【図表14】贈与者・受贈者が死亡した場合の相続時精算課税選択届出書の提出先・期限

区　　分		提出先	提出期限
(1)　贈与者が贈与をした年の中途で死亡した場合 (注)　相続時精算課税選択届出書に係る受贈財産については、贈与税の申告は必要ありません。	①　受贈者に係る贈与税の申告書の提出期限（相法28①②）以前に贈与者の死亡に係る相続税の申告書の提出期限（相法27①②）が到来するとき	その贈与者に係る相続税の納税地を所轄する税務署長	その贈与者に係る相続税の申告書の提出期限
	②　贈与者の死亡に係る相続税の申告書の提出期限（相法27①②）前に受贈者に係る贈与税の申告書の提出期限（相法28①②）が到来するとき		その受贈者に係る贈与税の申告書の提出期限
(2)　贈与により財産を取得した者が相続時精算課税選択届出書の提出期限前に当該届出書を提出しないで死亡した場合（上記(1)に該当する場合を除きます。）		その受贈者に係る贈与税の納税地を所轄する税務署長	その受贈者に係る贈与税の申告書の提出期限

　贈与のあった年の中途において贈与者が死亡した場合には、相続時精算課税の適用を受けようとする受贈者は、次のa又はbのいずれか早い日までに「相続時精算課税選択届出書」を贈与者の死亡に係る相続税の納税地の所轄税務署長に提出しなければなりません（相令5③④）。

　a　贈与を受けた年の翌年の3月15日（贈与税の申告書の提出期限）

　b　贈与者についての相続の開始があったことを知った日の翌日から10か月を経過する日（相続税の申告書の提出期限）

　なお、bの日が当該届出書の提出期限となる場合において、当該贈与者の死亡に係る相続税の申告書を提出しなければならないときには、当該相続税の申告書に当該届出書を添付しなければなりません（相令5④）。

　(注)　相続税の申告書を提出する必要がない場合であっても、当該届出書を当該贈与者の死亡に係る相続税の納税地の所轄税務署長に提出しなければならないことになります。

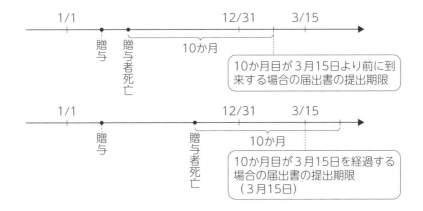

6　年の中途において推定相続人となった者に適用する相続時精算課税

　贈与のあった年の１月１日において18歳（令和４年３月31日以前は20歳）以上である者が、同日において60歳以上の者からの贈与により財産を取得した場合に、その年の中途においてその贈与者の養子となったことその他の事由によりその贈与者の推定相続人（孫も含みます。）となったとき（配偶者となったときを除きます。）には、推定相続人となった時より以前にその贈与者からの贈与により取得した財産については、相続時精算課税の適用はできません（相法21の９④）。

　贈与者の推定相続人（孫も含みます。）になった時以後において、その贈与者からの贈与により取得した財産については、相続時精算課税の適用を受けることができます。

　（注）　年の中途において推定相続人になった後の贈与について相続時精算課税の適用を受ける場合であっても、相続時精算課税に係る基礎控除の額は110万円となります（相基通21の９－４）。

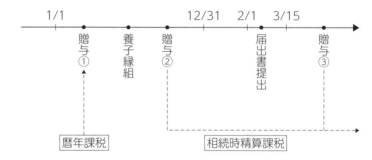

（注）　養子縁組前の贈与①については、暦年課税により贈与税額を計算し、養子縁
　　　組以後の贈与②及び③は、相続時精算課税により贈与税額を計算します。

7 特定贈与者の推定相続人でなくなった者に適用する相続時精算課税

　相続時精算課税適用者が、その特定贈与者の推定相続人（孫を含みます。）でなくなった場合においても、その特定贈与者からの贈与により取得した財産については相続時精算課税が適用されます（相法21の9⑤、措法70の2の6③）。

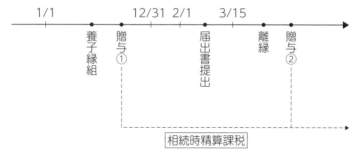

（注）　離縁後に贈与②があっても、相続時精算課税が適用されます。

8 特定贈与者から住宅取得等資金の贈与を受けた場合の相続時精算課税選択特例

　令和5年12月31日までに、贈与による住宅取得等資金の取得をした場合、贈与者の年齢がその年の1月1日に60歳未満であっても、一定の要件（次の①から⑤の要件）を満たせば相続時精算課税の適用を受けることができます（この

特例を、以下「住宅取得等資金に係る相続時精算課税選択特例」といいます。）（措法70の3）。

令和6年度税制改正大綱（令和5年12月14日、自由民主党・公明党）
・特定の贈与者から住宅取得等資金の贈与を受けた場合の相続時精算課税制度の特例の適用期限を3年（令和8年12月31日まで）延長する。

---

① 受贈者の要件

A　住宅取得等資金に係る相続時精算課税選択特例の適用のある受贈者は、原則として贈与を受けた時に、日本国内に住所を有し、かつ、日本国籍を有している必要があります。具体的には贈与税の納税義務者（34頁）の居住無制限納税義務者及び居住制限納税義務者に該当する場合です（措法70の3③一）。

B　贈与者の直系卑属である推定相続人（孫を含みます。）であること

C　贈与を受けた年の1月1日において、18歳以上（令和4年3月31日以前に贈与を受けた場合は20歳以上）であること

② 住宅取得等資金の使途等の要件

住宅取得等資金に係る相続時精算課税選択特例の適用のある「住宅取得等資金」とは、次の③に記載の住宅用家屋等の新築、取得又は増改築等の対価に充てるための金銭をいい（措法70の3③五）、贈与を受けた年の翌年3月15日までにその金銭の全額をその取得等に充てなければなりません（措法70の3①各号）。

③　住宅用の家屋の要件

　住宅取得等資金に係る相続時精算課税選択特例の適用の対象となる新築若し
くは取得又は増改築等をした住宅用の家屋には、下記 A〜D の要件がありま
す（措法70の３①③二〜五、措令40の５①〜⑥、措規23の６①②）。

　A　新築若しくは取得又は増改築等をした住宅用の家屋が日本国内にあるこ
　　と

　B　受贈者の①配偶者、②直系血族、③親族で生計を一にしているもの、④
　　婚姻の届出をしていないが事実上婚姻関係と同様の事情にある者及びその
　　者の親族でその者と生計を一にしているもの並びに⑤受贈者から受ける金
　　銭その他の財産によって生計を維持しているもの及びその者の親族でその
　　者と生計を一にしているもの（以下「特別の関係のある者」といいます。）
　　との請負契約その他の契約に基づき住宅用の家屋の新築若しくは取得又は
　　増改築等をしたものではないこと

　C　贈与を受けた年の翌年３月15日までに住宅用の家屋を新築若しくは取得
　　又は増改築等すること

　　　なお、「新築」には、贈与を受けた年の翌年３月15日において屋根（そ
　　の骨組みを含みます。）を有し、土地に定着した建造物として認められる
　　時以後の状態にあるものが含まれます。

　　　また、「増改築等」には、贈与を受けた年の翌年３月15日において増築
　　又は改築部分の屋根（その骨組みを含みます。）を有し、既存の家屋と一
　　体となって土地に定着した建造物として認められる時以後の状態にあるも
　　のが含まれます。

　D　新築若しくは取得又は増改築等の別に次の要件に該当すること

　　　新築若しくは取得又は増改築等には、その新築若しくは取得又は増改築
　　等とともに取得する敷地の用に供される土地等の取得も含まれます。

【図表15】住宅取得等資金に係る相続時精算課税選択特例の対象となる住宅用家屋等の範囲

区分		要件	
新築若しくは建築後使用されたことのない住宅用家屋（措令40の5①）	①	その家屋の床面積の2分の1以上に相当する部分が専ら居住の用に供されるもの（居住の用に供する家屋を二以上有する場合には、主たるものに限ります。）	
	②	床面積が40㎡以上であるもの	判定 1棟の家屋の場合には、その床面積によります（措令40の5①一）。
			区分所有建物である場合には、その専有部分の床面積によります（措令40の5①二）。
既存住宅用家屋（建築後使用されたことのある住宅用家屋）（措法70の3⑦、措令40の5②③⑦）	①	その家屋の床面積の2分の1以上に相当する部分が専ら居住の用に供されるもの（居住の用に供する家屋を二以上有する場合には、主たるものに限ります。）	
	②	床面積が40㎡以上であるもの（床面積の判定は新築住宅に同じです。）	
	③	次のいずれかに該当するもの	イ　その家屋が昭和57年1月1日以後に建築されたものであること
			ロ　その家屋が建築基準法施行令第三章及び第五章の四の規定又は国土交通大臣が財務大臣と協議して定める地震に対する安全性に係る基準に適合するものであること
			ハ　その家屋の取得の日までに同日以後その住宅用の家屋の耐震改修を行うことにつき建築物の耐震改修の促進に関する法律第17条第1項の申請等をし、かつ、取得期限までにその耐震改修によりその家屋が耐震基準に適合することとなったものであること
居住の用に供されている住宅用の家屋について行う増改築等（措令40の5④⑤）	①	自己が所有し、居住の用に供している家屋（主として居住の用に供すると認められるもの）（措法70の3①三、③四ロ）	
	②	工事費が100万円以上であるもの（居住用部分の工事費が全体の工事費の2分の1以上でること）（措法70の3③四イ、措令40の5⑤一）	
	③	増改築等後の家屋の床面積の2分の1以上に相当する部分が専ら居住の用に供されるもの（措令40の5⑤二）	
	④	増改築後の床面積が40㎡以上であるもの（床面積の判定は新築住宅に同じです。）（措令40の5⑤二）	
	⑤	増改築等の要件（措法70の3③四、措令40の5④）（内容は省略）	

④　居住要件

　住宅取得等資金に係る相続時精算課税選択特例の適用を受けるための要件は、上記③の要件に該当する住宅用の家屋に贈与を受けた年の翌年3月15日までに居住すること又は同年12月31日までに遅滞なくその家屋の居住する見込みであることです（措法70の3①④）。

⑤　期限内申告の要件

　住宅取得等資金に係る相続時精算課税選択特例は、贈与税の期限内申告書に
その適用を受けようとする旨を記載し、相続時精算課税選択届出書と一定の書
類を提出した場合に限り適用されます（措法70の3⑫、措規23の6⑧）。

　期限後申告若しくは修正申告又は更正若しくは決定に係る贈与税には適用が
ありません（措通70の3－15）。

　なお、住宅取得等資金に係る相続時精算課税選択特例の適用のための書類の
ほか、相続時精算課税の適用のための書類の提出も必要となります。

Q & A

○　**住宅取得等資金とそれ以外の財産を同一年中に贈与されたとき（相続時精**
　算課税）

Q：　令和5年中に、父から住宅取得等資金の贈与と株式の贈与を受ける予定
　　　です。住宅取得等資金の贈与について相続時精算課税を選択しようと考え
　　　ていますが、株式の贈与についても相続時精算課税が適用されるのでしょ
　　　うか。

A：　株式の贈与についても相続時精算課税が適用されます。

　　　計算順序は、まず、住宅取得等資金の額から非課税の特例の適用を受け
　　　る金額を先に控除し、次に控除しきれなかった住宅取得等資金の額と株式
　　　の価額の合計額から相続時精算課税の特別控除額2,500万円を控除するこ
　　　とになります。なお、これらの控除をしても控除しきれなかった残額に対
　　　しては、一律20％の税率で贈与税が課税されることになります。

　（注）　令和6年分から相続時精算課税における基礎控除額（110万円）を特別控除
　　　　額2,500万円に先立って控除します。

⑥　住宅取得等資金に係る相続時精算課税選択特例の適用を受けた年分
　　以後の課税方式

　住宅取得等資金に係る相続時精算課税選択特例の適用を受けた年分以後は、
その適用の対象となった贈与者からの贈与により取得した財産は、住宅取得等
資金に限らず、相続時精算課税の課税方式によることとなります（措法70の3

②、措通70の3－4）。

⑦　期限までに居住の用に供しなかった場合の修正申告及び納付

　贈与により住宅取得等資金の取得をした日の属する年の翌年3月16日から12月31日までに遅滞なくその家屋に居住する見込みであるとして住宅取得等資金に係る相続時精算課税選択特例の適用を受けた受贈者が、同日までにその家屋を居住の用に供していなかったときは、ⅰ申告の際に提出した相続時精算課税選択届出書は、提出していなかったとみなされ、ⅱ同日から2か月を経過する日までに暦年課税の課税方式により計算した修正申告をし、かつ、ⅲその経過する日までにその修正申告により納付すべきこととなる贈与税額を納付しなければなりません（措法70の3④、措通70の3－14）。

⑧　災害があった場合の住宅取得等資金に係る相続時精算課税選択特例の適用

　住宅取得等資金を贈与により取得した後に、災害があった場合の住宅取得等資金に係る相続時精算課税選択特例の適用については、次のⅰ～ⅲのとおりです（措法70の3⑧⑨⑩⑪）。なお、災害とは、震災、風水害、火災、冷害、雪害、干害、落雷、噴火その他の自然現象の異変による災害及び鉱害、火薬類の爆発その他の人為による異常な災害並びに害虫、害獣その他の生物による異常な災害をいいます（措法70の2⑧一、措令40の4の2⑩）。

ⅰ　新築若しくは取得又は増改築等をした住宅用の家屋が滅失した場合

　a　贈与により金銭の取得をした者が、その金銭を住宅用の家屋の新築若しくは取得又は増改築等の対価に充てて、贈与を受けた年の翌年3月15日までに新築等をした場合には、新築等をした住宅用の家屋が火災により滅失（通常の修繕によっては原状回復が困難な損壊を含みます。次のbにおいても同じです。）したことにより、同日までに居住することができなくなったときでも、この特例の適用を受けることができます。

　b　住宅取得等資金の贈与を受けて住宅用の家屋の新築若しくは取得又は増改築等をした者が、その贈与を受けた年の翌年3月15日後遅滞なくその住宅用の家屋を居住の用に供することが確実であると見込まれることにより、この特例の適用を受けた場合において、その住宅用の家屋が火災により滅失したため、居住することができなくなったときでも、この特例の適

用を受けることができます（修正申告書を提出する必要はありません。）。

ii　災害に基因するやむを得ない事情により居住できない場合

　住宅取得等資金の贈与を受けて住宅用の家屋の新築若しくは取得又は増改築等をした者が、その贈与を受けた年の翌年3月15日後遅滞なくその住宅用の家屋を居住の用に供することが確実であると見込まれることにより、住宅取得等資金の贈与税の特例の適用を受けた場合において、災害に基因するやむを得ない事情により、贈与を受けた年の翌年12月31日までに居住することができなかったときでも、贈与を受けた年の翌々年12月31日までにその住宅用の家屋に居住するときにはこの特例の適用を受けることができます。

iii　災害に基因するやむを得ない事情により住宅用の家屋を新築若しくは取得又は増改築等ができない場合

　贈与により金銭の取得をした者が、その金銭を住宅用の家屋の新築若しくは取得又は増改築等の対価に充てて新築等をする場合には、災害に基因するやむを得ない事情により、贈与を受けた年の翌年3月15日までにその住宅用の家屋の新築等ができなかったときでも、贈与を受けた年の翌々年3月15日までにその住宅用の家屋の新築等をし、贈与を受けた年の翌々年12月31日までにその住宅用の家屋に居住する場合には、この特例の適用を受けることができます。

〈相続時〉

9　相続時精算課税を選択した者に係る相続税の計算

　相続時精算課税を選択した者に係る相続税額は、その相続時精算課税に係る特定贈与者が死亡した時に、それまでに贈与を受けた相続時精算課税の適用を受ける贈与財産の価額（贈与時の価額）と相続又は遺贈により取得した財産の価額との合計額を基に計算した相続税額から、既に納付した相続時精算課税に係る贈与税相当額を控除して算出します。

　この場合、相続税額から控除できない相続時精算課税に係る贈与税相当額については、相続税の申告をすることにより還付を受けることができます。

① 相続税の課税価格の計算

ⅰ　特定贈与者（被相続人）から相続又は遺贈により財産を取得した相続時精算課税適用者の場合

その特定贈与者から贈与により取得した財産で相続時精算課税の適用を受けるものの贈与時の価額を相続税の課税価格に加算した価額が相続税の課税価格になります（相法21の15①）。

ⅱ　特定贈与者（被相続人）から相続又は遺贈により財産を取得しなかった相続時精算課税適用者の場合

その特定贈与者から贈与により取得した財産で相続時精算課税の適用を受けるものを、その特定贈与者から贈与時の価額で相続又は遺贈により取得したものとみなして相続税の課税価格を計算します（相法21の16①）。

〈令和5年度税制改正事項〉

1　令和6年1月1日以後に特定贈与者からの贈与により取得した財産に係る相続税の課税価格に加算される金額は、相続時精算課税に係る基礎控除をした残額となります。この場合、その残額は特定贈与者から贈与により財産を取得した年分ごとに計算します。

2　相続税の課税価格への加算に当たって、相続時精算課税に係る基礎控除は、贈与税の申告等がされている場合にはその贈与税の申告等に係る基礎控除の額により、贈与税の申告等がない場合には110万円となります。

② 相続時精算課税に係る贈与税額相当額の控除

相続時精算課税の適用を受ける財産について課せられた贈与税があるときは、相続税額からその贈与税の税額に相当する金額を控除します（相法21の15③）。

相続税額から控除してもなお控除しきれない金額がある場合において、その控除しきれない金額に相当する税額の還付を受けるための相続税の申告書を提出することができます。この相続税の申告書は、特定贈与者に相続の開始があった日の翌日から5年を経過する日まで提出することができます。

	相続又は遺贈により**財産を取得した相続時精算課税適用者**（相法21の15）	相続又は遺贈により**財産を取得しなかった相続時精算課税適用者**（相法21の16）
課税価格 （相法11の2）	相続時精算課税の適用を受ける財産については相続税の**課税価格に加算**	相続時精算課税の適用を受ける財産については**相続又は遺贈により取得したものとみなす**
	贈与時の価額	
債務控除 （相法13）	適用あり	
相続開始前3年以内の贈与加算 （相法19）	適用あり （※）相続時精算課税の適用を受ける財産については適用なし 相続開始前3年以内 相続開始前 贈与　贈与　贈与　相続開始 令和2年　令和3年　令和4年　令和5年 暦年課税適用　相続時精算課税適用 適用あり（相基通19-11）　適用なし（※） （※）ただし、相続時精算課税の規定により相続税の課税価格には加算	
相続税額の2割加算（相法18）	適用あり （※）相続時精算課税適用者が贈与により財産を取得した時において、特定贈与者の一親等の血族だった場合には、相続税額の2割加算の対象外。	
贈与税額控除 （暦年課税における贈与税額の控除）（相法19）	適用あり （※）相続開始前3年以内の贈与加算に係る贈与税額を控除できる。	
相続時精算課税における贈与税額の控除（措法21の12）	適用あり （※）控除する贈与税額は、外国税額控除の規定による控除前の税額とし、延滞税、利子税、過少申告加算税、無申告加算税及び重加算税に相当する税額を除く。	

（注）1　未成年者控除（相法19の3）、障害者控除（相法19の4）、相次相続控除（相法20）及び外国税額控除（相法20の2）についても適用あり。

　　　2　令和5年度改正によって、相続開始前3年以内の贈与加算は、「相続開始前7年以内の贈与加算」に改正されている（ただし、令和6年以降の贈与に適用され、経過措置が設けられている。)。

Q & A

○相続時精算課税適用者に係る相続税額の加算

Q：　養子 A（甲の直系卑属である孫）は、甲から贈与を受けた財産について相続時精算課税の適用を受けていました。甲の死亡に係る相続税の計算において養子 A の相続税の課税価格に算入されるその相続時精算課税適用財産について、相続税の２割加算の規定は適用されますか。

A：　相続時精算課税適用者である A は、甲の直系卑属であり、かつ、甲の養子に当たりますので、相続時精算課税適用財産について相続税額の２割加算の規定が適用されます（相法18）。

10　相続時精算課税適用者が特定贈与者より先に死亡した場合

　特定贈与者の死亡以前にその特定贈与者に係る相続時精算課税適用者が死亡した場合には、その相続時精算課税適用者の相続人は、相続時精算課税適用者が有していた相続時精算課税の適用を受けていたことに伴う納税に係る権利・義務を承継します（相法21の17①）。

　その相続人の中に特定贈与者がいる場合、その特定贈与者はその納税に係る権利・義務を承継しません。また、相続人が２人以上いる場合には、納税する税額又は還付を受ける税額は、法定相続分で按分した金額とされます。

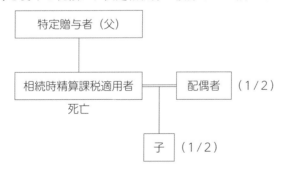

　※　特定贈与者の死亡前に相続時精算課税適用者が死亡した場合には、配偶者と子が相続時精算課税の適用に伴う権利・義務を承継します。その割合は１／２ずつとなります。

Q & A

○相続時精算課税適用者の相続人が特定贈与者である父母のみである場合の納
　税に係る権利・義務の承継

Q：　長男 A は、父母から財産の贈与を受け、父母それぞれからの贈与につ
　　　いて相続時精算課税の適用を受けていました。長男 A が父母よりも先に
　　　死亡した場合、長男 A の納税に係る権利義務は承継せずに消滅すること
　　　になりますか。

A：　特定贈与者の死亡以前にその特定贈与者に係る相続時精算課税適用者が
　　　死亡した場合には、その相続時精算課税適用者の有していた相続時精算課
　　　税の適用を受けていたことに伴う納税に係る権利・義務を承継します。こ
　　　の場合、相続時精算課税適用者の相続人は、遺産分割にかかわらず法定相
　　　続分（民法第900条から第902条までに規定する相続分）（その相続人のう
　　　ちに特定贈与者がいる場合には、その特定贈与者がないものとして相続分
　　　を計算します。）により按分した金額とされています。

　　　　したがって、特定贈与者である父から贈与を受けたことに伴う納税に係
　　　る権利・義務は、A の相続人である母が承継し、また、特定贈与者であ
　　　る母から贈与を受けたことに伴う納税に係る権利・義務は、A の相続人
　　　である父が承継することになります。

税額の計算

1　歴年課税の贈与税額の計算

①　贈与税の課税価格の計算

　贈与税の課税価格は、その年 1 月 1 日から12月31日までの間に贈与により取得した財産及び贈与により取得したとみなされる財産の価額の合計額となります（贈与により取得した財産のうちに非課税財産があるときは、課税価格計算の基礎に算入されません。）（相法21の 2 、21の 3 ）。

$$\boxed{\text{本来の贈与財産}} + \boxed{\text{みなし贈与財産}} = \boxed{\text{課税価格}}$$

②　贈与税の税額の計算

　贈与税の税額は、課税価格から、贈与税の基礎控除額及び配偶者控除額を控除した後の課税価格に税率を乗じて計算します（相法21の 7 、措法70の 2 の 5 ）。

$$\boxed{\begin{array}{c}\text{贈与された財産の}\\\text{合計額（課税価格）}\end{array}} - \boxed{\begin{array}{c}\text{配偶者控除額}\\\text{（最高2,000万円）}\end{array}} - \boxed{\begin{array}{c}\text{基礎控除額}\\\text{（110万円）}\end{array}} = \boxed{\begin{array}{c}\text{基礎控除後}\\\text{の課税価格}\end{array}}$$

$$\left[\boxed{\begin{array}{c}\text{基礎控除後}\\\text{の課税価格}\end{array}} \times \boxed{\text{累進税率}}\right] - \boxed{\text{外国税額控除}} = \boxed{\text{納付税額}}$$

【図表16】 贈与税（歴年課税）の速算表（平成27年1月1日以後）

基礎控除後の課税価格	一般税率		特例税率（注）	
	税率	控除額	税率	控除額
200万円以下の金額	10%	—	10%	—
300万円以下の金額	15%	10万円	15%	10万円
400万円以下の金額	20%	25万円		
600万円以下の金額	30%	65万円	20%	30万円
1,000万円以下の金額	40%	125万円	30%	90万円
1,500万円以下の金額	45%	175万円	40%	190万円
3,000万円以下の金額	50%	250万円	45%	265万円
4,500万円以下の金類	55%	400万円	50%	415万円
4,500万円超			55%	640万円

（注）　その年の1月1日において18歳以上（令和4年3月31日以前は20歳以上）の者が直系尊属から受ける贈与に適用されます。

　なお、同年中に直系尊属からの贈与により取得した財産（特例贈与財産）と直系尊属以外の者からの贈与により取得した財産（一般贈与財産）があった場合の贈与税の計算については、次のA及びBに掲げる金額を合計した金額となります（措法70の2の5③）。

A　$\boxed{贈与税の基礎控除及び贈与税の配偶者控除後の課税価格}$ × 特例税率 × $\dfrac{特例贈与財産の価額}{合計贈与価額}$

B　$\boxed{贈与税の基礎控除及び贈与税の配偶者控除後の課税価格}$ × 一般税率 × $\dfrac{一般贈与財産の価額}{合計贈与価額}$

（注）1　合計贈与価額とは、1年間に贈与を受けた一般贈与財産の価額（贈与税の課税価格の計算の基礎に算入されるもので、贈与税の配偶者控除後のもの）と特例贈与財産の価額の合計額です。
　　　2　一般贈与財産の価額は、贈与税の配偶者控除後のものです。

〔設例〕　一般の贈与と直系尊属からの贈与がある場合

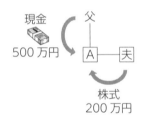

　Aは、令和5年に、父から現金500万円、夫から株式200万円の贈与を受けました。

$$\underset{\text{課税価格}}{(500万円+200万円)} - \underset{\text{基礎控除額}}{110万円} = \underset{\text{基礎控除後の課税価格}}{590万円}$$

　Aの令和5年に係る贈与税額は94万8千円となります（次の①＋②＝94万8千円）。

①　父からの贈与に対応する金額（直系尊属からの贈与）

$$(590万円×20\%-30万円)×\frac{500万円}{700万円}=62万8千円$$

②　夫からの贈与に対応する金額（一般の贈与）

$$(590万円×30\%-65万円)×\frac{200万円}{700万円}=32万円$$

2　相続時精算課税の贈与税額の計算

①　課税価格

　特定贈与者ごとにその年中において贈与により取得した財産の価額を合計し、それぞれの合計額をもって、贈与税の課税価格とします（相法21の10）。

②　特別控除額

ⅰ　特別控除額の適用

　相続時精算課税適用者がその年中において特定贈与者からの贈与により取得した財産に係るその年分の贈与税については、特定贈与者ごとの相続時精算課税に係る贈与税の課税価格からそれぞれ次に掲げる金額のうちいずれか低い金額を控除します（相法21の12①）。

A　2,500万円（前年以前この特別控除を適用し控除した金額がある場合には、その金額の合計額を控除した残額）

B　特定贈与者ごとの贈与税の課税価格

　この特別控除は、贈与税の期限内申告書に控除を受ける金額、前年以前この特別控除を適用し控除した金額等の記載がある場合に限り適用されます（相法21の12②、相規12）。

> （注）　税務署長は、特定贈与者からの贈与により取得した財産について、特別控除を受ける金額、前年以前この特別控除を適用し控除した金額等の記載がない期限内申告書の提出があった場合において、その記載がなかったことについてやむを得ない事情があると認めるときは、その旨を記載をした書類の提出があった場合に限り、特別控除を適用することができます（相法21の12③）。

ii　翌年以降に繰り越される特別控除額が過大であるときの修正申告

　相続時精算課税に係る贈与税の特別控除を適用した贈与税の申告書を提出した者は、翌年以降に繰り越される特別控除の金額が過大であるときには、その金額について税務署長による更正があるまでは修正申告書を提出することができます。

③　税率

　相続時精算課税適用者がその年中において特定贈与者からの贈与により取得した財産に係るその年分の贈与税の額は、特定贈与者ごとに計算した課税価格から、特定贈与者ごとに計算した特別控除額を控除した金額にそれぞれ20%の税率を乗じて計算した金額とします（相法21の13）。

〔例1〕　特定贈与者1人から財産の贈与を受けた場合

　子が父から3年にわたり財産の贈与を受け（1年目に1,200万円、2年目に1,000万円、3年目に800万円）、1年目から相続時精算課税の適用を受けた場合

　（1年目の計算）

　　課税価格　　　特別控除額（※）
　　1,200万円 － 1,200万円 ＝ 0万円

　（※）特別控除額の計算

　　　（2,500万円 － 0万円）＞1,200万円（課税価格）　∴1,200万円

（2年目の計算）

$$\underset{\text{課税価格}}{1,000万円} - \underset{\text{特別控除額(※)}}{1,000万円} = 0万円$$

（※）特別控除額の計算

（2,500万円－1,200万円（1年目の特別控除額））＞1,000万円（課税価格）

∴1,000万円

（3年目の計算）

$$\underset{\text{課税価格}}{800万円} - \underset{\text{特別控除額(※)}}{300万円} = 500万円 \quad 500万円 \times \underset{\text{税率}}{20\%} = \underset{\text{贈与税額}}{100万円}$$

（※）特別控除額の計算

（2,500万円－2,200万円（1、2年目の特別控除額の合計額））＜800万円

（課税価格）　　　　∴300万円

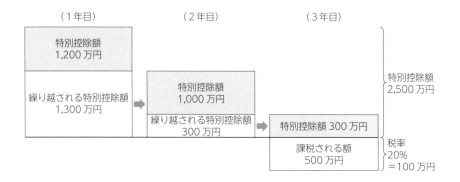

〔例2〕　同一年中に特定贈与者2人以上から財産の贈与を受けた場合

　子が同一年中に父から3,000万円、母から2,500万円の財産の贈与を受け、父母それぞれからの受贈財産について相続時精算課税の適用を受ける場合

（父から贈与を受けた財産に係る贈与税額の計算）

$$\underset{\text{課税価格}}{3,000万円} - \underset{\text{特別控除額}}{2,500万円} = 500万円 \quad 500万円 \times \underset{\text{税率}}{20\%} = \underset{\text{贈与税額}}{100万円}……①$$

（母から贈与を受けた財産に係る贈与税額の計算）

$$\underset{\text{課税価格}}{2,500万円} - \underset{\text{特別控除額}}{2,500万円} = 0万円……②$$

納付すべき税額
① ＋ ② ＝ 100万円

〔例3〕 同一年中に特定贈与者及び特定贈与者以外の贈与者から財産の贈与を
　　　 受けた場合
　子が同一年中に父から3,000万円、母から200万円の財産の贈与を受け、父か
らの受贈財産について相続時精算課税の適用を受ける場合
（父から贈与を受けた財産に係る贈与税額の計算）

課税価格　　　特別控除額　　　　　　　　　　　　　　　　　　税率　　　贈与税額
3,000万円 － 2,500万円 ＝ 500万円　500万円 × 20% ＝ 100万円……①

（母から贈与を受けた財産に係る贈与税額の計算）

課税価絡　　　基礎控除額　　　　　　　　　　　　　税率　　　贈与税額
200万円 － 110万円 ＝ 90万円　　 90万円 × 10% ＝ 9万円……②

納付すべき税額
① ＋ ② ＝ 109万円

〈令和5年度税制改正事項〉
　相続時精算課税において基礎控除（110万円）が創設されたことから、上記
の各事例は次のようになります。
（改正後の例1）

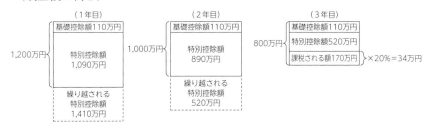

（改正後の例 2 ）

（父から贈与を受けた財産に係る贈与税額の計算）

$$\underset{\text{課税価格}}{3,000万円} - \underset{\text{基礎控除額}}{60万円^{(※1)}} - \underset{\text{特別控除額}}{2,500万円} = 440万円$$

$$440万円 \times \underset{\text{税率}}{20\%} = \underset{\text{贈与税額}}{88万円} \cdots ①$$

（※ 1 ）

同一年中に 2 人以上の特定贈与者からの贈与により財産を取得した場合の基礎控除額110万円は、特定贈与者ごとの贈与税の課税価格で按分します。

$$110万円 \times \frac{3,000万円}{3,000万円 + 2,500万円} = 60万円$$

（母から贈与を受けた財産に係る贈与税額の計算）

$$\underset{\text{課税価格}}{2,500万円} - \underset{\text{基礎控除額}}{50万円^{(※2)}} - \underset{\text{特別控除額}}{2,450万円} = 0 \cdots ②$$

（※ 2 ）

同一年中に 2 人以上の特定贈与者からの贈与により財産を取得した場合の基礎控除額110万円は、特定贈与者ごとの贈与税の課税価格で按分します。

$$110万円 \times \frac{2,500万円}{3,000万円 + 2,500万円} = 50万円$$

$$\underset{\text{納付すべき税額}}{①} + ② = 88万円$$

（改正後の例 3 ）

（父から贈与を受けた財産に係る贈与税額の計算）

$$\underset{\text{課税価格}}{3,000万円} - \underset{\text{基礎控除額}}{110万円} - \underset{\text{特別控除額}}{2,500万円} = 390万円 \quad 390万円 \times \underset{\text{税率}}{20\%} = \underset{\text{贈与税額}}{78万円} \cdots ①$$

（母から贈与を受けた財産に係る贈与税額）

$$\underset{\text{課税価格}}{200万円} - \underset{\text{基礎控除額}}{110万円} = 90万円 \quad 90万円 \times \underset{\text{税率}}{10\%} = \underset{\text{贈与税額}}{9万円} \cdots ②$$

$$\underset{\text{納付すべき税額}}{①} + ② = 87万円$$

贈与税の申告と納税

1　贈与税の申告

①　暦年課税の贈与税の申告書の提出義務者

　贈与によって財産を取得した者で、その年分の贈与税の課税価格について、110万円の基礎控除額を控除し、贈与税の税率を適用して算出した税額から在外財産に対する贈与税額の控除をしても、なお納付すべき贈与税額がある者は、贈与税の申告書を提出しなければなりません（相法28①）。

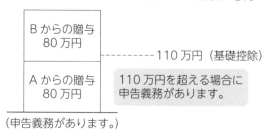

（申告義務があります。）

②　相続時精算課税の贈与税の申告書の提出義務者

　相続時精算課税の適用を受けようとする受贈者は、贈与を受けた財産に係る贈与税の申告期間内に「相続時精算課税選択届出書」を贈与者ごとに作成し、贈与税の申告書に添付して、贈与税の納税地の所轄税務署長に提出しなければなりません（相法21の9②、相令5①②、相規10、11）。

　また、相続時精算課税の適用を受けた以後の年分は、その適用に係る贈与者からの贈与を受けた場合には、令和5年分までは贈与税の基礎控除がありませんので、金額の多寡にかかわらず贈与税の申告が必要となります。

〈令和5年度税制改正事項〉

　相続時精算課税適用者が特定贈与者から令和6年1月1日以後に贈与により取得した財産に係る贈与税については、暦年課税の基礎控除とは別に贈与税の課税価格から基礎控除110万円が控除されます。

　このため、令和6年分以後の年分は、その年分の相続時精算課税に係る課税価格の合計額が基礎控除額以下の場合、贈与税の申告の必要はありません。

③　贈与税の申告書の提出期限

ⅰ　原則

　贈与税の申告書の提出期限は、贈与を受けた年の翌年の2月1日から3月15日までの間で、その者の納税地（相法62）の所轄税務署長に提出することになります（相法28①）。

ⅱ　相続税法の施行地内に住所又は居所を有しないこととなる場合

　贈与税の申告書等を提出すべき者が納税管理人の届出をしないで贈与を受けた年の翌年1月1日から3月15日までに国内に住所及び居所を有しないこととなるときは、その住所及び居所を有しないこととなる日までに贈与税の申告書等を提出しなければなりません（相法28①）。

　なお、その住所又は居所を有しないこととなる日までに納税管理人を選任し納税地の所轄税務署長にその旨を届け出た場合の提出期限は、上記ⅰになります（相法28①）。

　(注)　贈与を受けた年の途中で出国する場合は、原則どおりの申告となります。

2　贈与税の納税

　所得税などと同様に贈与税は、金銭で一時に納付することが原則です。
　イ　期限内申告書を提出した者の納付期限は、申告書の提出期限となります（相法33）。
　ロ　期限後申告書又は修正申告書を提出した者の納付期限は、それら申告書を提出した日となります（通法35②）。
　ハ　更正又は決定の通知を受けた者の納付期限は、更正の通知書又は決定の通知書が発せられた日の翌日から起算して1か月を経過する日となります（通法35②）。

①　延納

ⅰ　贈与税の延納

　贈与税を納期限までに金銭で納付することが困難な場合は、一定の金額について、年賦延納制度が設けられています（相法38③）。

　延納する場合には、贈与税の納期限までに必要な事項を記載した申請書及び担保に関する書類を税務署長に提出して延納の許可を受ける必要があります（相法39①㉙）。

> （注）1　延納税額が100万円以下で、かつ、その延納期間が3年以下であるときには、担保を提供する必要はありません（相法38④）。
> 　　〈延納できる要件〉
> 　　・申告・更正又は決定による税額が10万円を超えること
> 　　・納期限までに、又は納付すべき日に金銭で納付することが困難であること
> 　　・担保を提供すること
> 　　・贈与税の納期限又は納付すべき日までに延納申請書及び担保提供関係書類を提出すること。
> 　　2　贈与税については、物納制度はありません（相基通41－2）。

ⅱ　延納期間と利子税

　贈与税の年賦延納は、最長5年以内となります（相法38③）。

　なお、延納税額に対しては、原則として、年6.6％の割合で利子税がかかります（通法64①、相法52①）。

> （注）　延納期間は、納期限の翌日から暦に従って計算されます（相基通38－6）。

ⅲ　延納税額に対する利子税の計算

　A　利子税の額は、次のように計算します（原則）。

第1回目の納付分

$$延納税額 \times 6.6\% \times \frac{納期限の翌日から分納期限までの日数}{365}$$

第2回目以降の納付分

$$\left(\begin{array}{c}延納 \\ 税額\end{array} - \begin{array}{c}前回までの分 \\ 納税額の合計\end{array}\right) \times 6.6\% \times \frac{前回の分納期限の翌日からその分納期限までの日数}{365}$$

> （注）1　利子税を計算する場合、延納税額に1万円未満の端数があるとき又は延納税額の全額が1万円未満であるときは、その端数金額又はその全額を切り捨てます（通法118③）。
> 　　2　利子税の確定税額に100円未満の端数があるとき又はその全額が1,000円未満であるときは、その端数金額又は全額を切り捨てます（通法119④）。

B　利子税の特例割合

各年の延納特例基準割合が7.3%に満たない場合には、次の算式により計算される割合（特例割合）が適用されます。

$$延納利子税割合 \times \frac{延納特例基準割合^{(※)}}{7.3\%} = 特例割合　（0.1\%未満切捨て）$$

> ※　延納特例基準割合とは、その分納期間の開始の日の属する年の前々年の9月から前年の8月までの各月における銀行の新規の短期貸出約定平均金利の合計を12で除して得た割合として各年の前年の11月30日までに財務大臣が告示する割合に、年0.5パーセントの割合を加算した割合をいいます。

②　連帯納付義務

　贈与は、一般に親族等の特殊関係のある者相互間で行われることが多いだけに、贈与税の納付義務を受贈者だけに限定してしまうことは、租税債権の確保上適当ではないことも考慮されることから、相続税法において贈与者にも連帯納付の責任を負わせています（相法34①）。

贈与税の課税の特例

1　贈与税の配偶者控除

　贈与税の配偶者控除とは

　婚姻期間が20年以上である配偶者から、次の居住用不動産又は居住用不動産
の取得資金の贈与を受けた場合には、それらの財産に係る贈与税の課税価格か
ら2,000万円（配偶者控除額）を控除することができます（相法21の6①、相令
4の6③）。

イ　居住用不動産とは、国内にある専ら居住の用に供する土地若しくは土地の
　上に存する権利（以下「土地等」といいます。）又は家屋で、その贈与を受
　けた日の属する年の翌年3月15日までに受贈者の居住の用に供し、かつ、そ
　の後も引き続き居住の用に供する見込みであるものをいいます。

ロ　居住用不動産の取得資金とは、金銭の贈与でその取得日の属する年の翌年
　3月15日までに、居住用不動産の取得に充て、その取得した居住用不動産を
　受贈者の居住の用に供し、かつ、その後も引き続き居住の用に供する見込み
　であるものをいいます。

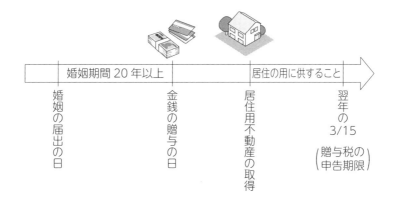

2　贈与税の配偶者控除の要件

①　婚姻期間の計算

イ　婚姻期間が20年以上であるか否かは、婚姻の届出（民法739①）のあった日から贈与の日までの期間により計算します。つまり、入籍していない期間は婚姻期間に含まれません（相法21の6④、相令4の6②）。

ロ　婚姻期間に1年未満の端数があるときは、その端数は切り捨てます。つまり婚姻期間が19年10か月である場合は配偶者控除の適用を受けることができません（相基通21の6－7）。

②　居住用不動産の範囲

　贈与税の配偶者控除の適用が受けられる居住用不動産は、国内にある専ら居住の用に供する土地等又は家屋に限られます。

　しかし、この配偶者控除の適用を受けられる者（以下「受贈配偶者」といいます。）が取得した次のi～ivの場合もこの特例の適用が受けられます。

i　店舗兼住宅等を取得した場合

　受贈配偶者が取得した土地等又は家屋で、専ら居住の用に供している部分と居住の用以外に供されている部分とがある場合には、その居住の用に供している部分について特例の適用があります。

居住用不動産
居室：50㎡
敷地：$300㎡ × \dfrac{50㎡}{50㎡ + 100㎡} = 100㎡$

　なお、この場合において、居住の用に供している部分の面積が、その土地等又は家屋の面積のそれぞれのおおむね90％以上であるときは、その土地等又は家屋の全部を居住用不動産に該当するものとすることができます（相基通21の6－1(1)）。

ⅱ　敷地のみを取得した場合（贈与配偶者又は受贈配偶者と同居する親族の所有する家屋で、受贈配偶者が専ら居住の用に供しているものの敷地）（相基通21の6－1(2)）

ロ．土地の持分を贈与

ハ．土地の一部を分筆して贈与

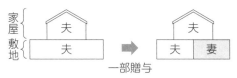

ニ. 土地（家屋）の購入資金を贈与

iii 家屋のみを取得した場合

専ら受贈配偶者の居住の用に供する家屋のみを贈与により取得した場合も配偶者控除の適用を受けることができます。

なお、家屋の取得には、家屋の増築も含まれます（相基通21の6-4）。

イ. 家屋の全部を贈与

ロ. 家屋の持分を贈与

ハ. 夫の借地上の家屋を贈与（夫と妻の間の
借地権については使用貸借）

(注)「借地権の使用貸借に関する確認書」を税務
署長に提出すれば、借地権に対して贈与税は
課されません。

ⅳ　店舗兼住宅等の持分の贈与の場合の居住用部分の判定

A　原則

　配偶者から店舗兼住宅等の持分の贈与を受けた場合には、その居住用部分の占める割合に贈与を受けた持分の割合を乗じて計算した部分が居住用不動産に該当するものとするのが原則です（相基通21の6-3本書）。

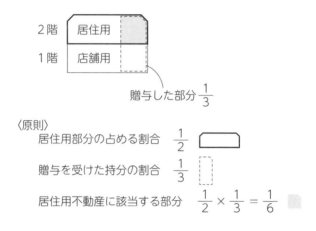

B　特例的取扱い

　その贈与を受けた持分の割合が、店舗兼住宅等の居住の用に供している部分（その居住の用に供している部分に受贈配偶者とその配偶者との持分の割合を合わせた割合を乗じて計算した部分をいいます。）の割合以下である場合において、その贈与を受けた持分の割合に対応するその店舗兼住宅等の部分を居住用不動産として取り扱うこととされています（相基通21の6-3但書）。

　つまり、店舗兼住宅等の土地等又は家屋の価額に、次のa又はbのうちいずれか少ない割合を乗じて計算した価額を、贈与を受けた居住用不動産の価額とするものです（次図のとおり）。

　a　贈与を受けた持分の割合

　b　居住の用に供している部分の割合

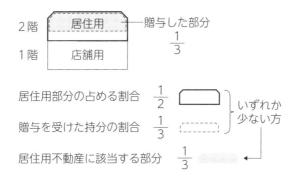

v　贈与により取得した金銭で居住用不動産と居住用不動産以外の財産を取得
　した場合

　配偶者から贈与により取得した金銭及びその金銭以外の資金をもって、居住
用不動産と同時に居住用不動産以外の財産を取得した場合には、その贈与によ
り取得した金銭はまず居住用不動産の取得に充てられたものとして取り扱うこ
とができます（相基通21の6-5）。

〔設例〕

　婚姻期間が23年になる妻は、夫から現金1,600万円の贈与を受け、自己資金
（銀行預金等）700万円と併せて、居住用家屋の新築に2,000万円、家具調度品
の購入に300万円を充てました。

　この場合、居住用家屋と家具調度品を同時に取得した場合には、夫から贈与
により取得した金銭1,600万円は、まず居住用家屋の取得の資金に充てられた
ものとして、その金額を贈与税の配偶者控除の対象とすることができます。し
たがって、贈与税額は0円となります。

3　贈与税の配偶者控除の留意ポイント

①　重複適用の排除

　贈与税の配偶者控除は、配偶者から贈与を受けた年の前年以前のいずれかの年において当該配偶者から取得した財産に係る贈与税につき、贈与税の配偶者控除の適用を受けている者については、その適用を受けることができません（相法21の6①かっこ書）。なお、「当該配偶者」とは、今回の贈与者である配偶者をいいます（相基通21の6－8）。

②　相続開始前贈与の加算との関係

　相続又は遺贈により財産を取得した者が、その相続の開始前3年（7年）以内に、その相続に係る被相続人から贈与により財産を取得している場合、その贈与により取得した財産の価額は、その贈与を受けた相続人又は受遺者の相続税の課税価格に加算されることとされています（相法19①）。

　したがって、居住用不動産又は居住用不動産を取得するための金銭の贈与を受け、贈与税の配偶者控除の適用を受けた者が、贈与を受けた日から3年（7年）以内にその贈与をした配偶者が死亡したことにより相続財産を取得した場合、その受贈財産の受贈時の価額が相続税の課税価格に加算されます。しかし、贈与税の配偶者控除の適用を受けた受贈財産については、贈与税の配偶者控除額を控除したところで加算することになります（相法19①②）。

　また、居住用不動産の贈与を受けた年に贈与者が死亡した場合で、その配偶者が被相続人からの贈与について贈与税の配偶者控除の適用を受けたことがない者である場合、相続開始の年の贈与により取得した財産のうち、その財産について贈与税の配偶者控除の適用があるものとした場合にその控除額として控除されることとなる金額に相当する部分は、相続税の課税価格に加算されません（相法19②）。

　　（注）　したがって、上記の財産は、贈与税が課税されることになり、贈与税の申告を要することになります。この場合、贈与税の配偶者控除の適用要件を満たしていれば、この適用が受けられます。また、適用要件を満たしていないときは贈与税が課税されます。

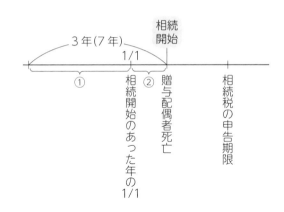

①の間に贈与があった場合

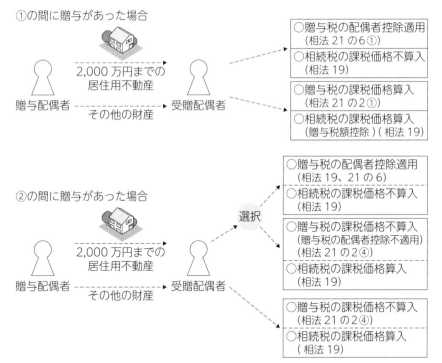

〈令和5年度税制改正事項〉

　相続の開始前3年以内の贈与加算については、相続の開始前7年以内の贈与加算に改正されました。令和6年1月1日以降の贈与から適用されます（経過措置あり）。

4　贈与税の配偶者控除の適用を受けるための手続

　配偶者控除の適用を受けるためには、下記の申告手続をする必要があります（相法21の6②、相規9）。

〈適用を受けるための手続要件〉

A　贈与税の申告書（期限後申告書及び修正申告書を含みます。）又は更正の請求書を提出すること

B　配偶者控除の適用を受ける金額及びその控除に関する事項を記載すること

C　前年以前に贈与税の配偶者控除の適用を受けていない旨を記載すること

D　贈与税の申告書等に下記のa〜cの書類を添付すること

　a　財産の贈与を受けた日から10日を経過した日以後に作成された戸籍の謄本又は抄本

　b　財産の贈与を受けた日から10日を経過した日以後に作成された戸籍の附票の写し

　c　登記事項証明書その他の書類で居住用不動産を取得したことを証する書類

　(注)　平成28年分以降の贈与税の申告には、住民票の写しの添付を要しません。贈与税の配偶者控除の適用を受けることによって、贈与税額が算出されない場合であっても、贈与税の申告書を提出する必要があります。

2 直系尊属から住宅取得等資金の贈与を受けた場合の贈与税の非課税

1 制度のあらまし

　令和4年1月1日から令和5年12月31日までの間に、一定の受贈者（特定受贈者）が、その直系尊属（父母、祖父母、養父母等）からの贈与により、住宅用の家屋の新築、取得又は増改築等（以下「新築等」といいます。）の対価に充てるための金銭（以下「住宅取得等資金」といいます。）の取得をした場合において、一定の要件を満たす住宅用家屋の新築等を行ったときには、その贈与により取得した住宅取得等資金のうち住宅資金非課税限度額（既にこの贈与税の非課税の適用を受けている場合には、既に適用を受けた金額を控除した残額）までの金額については、贈与税が非課税となります（措法70の2①）。

　なお、この贈与税の非課税の規定（以下「非課税制度」といいます。）は、暦年課税の基礎控除（相法21の5、措法70の2の4）、相続時精算課税の特別控除（相法21の12）又は特定の贈与者から住宅取得等資金の贈与を受けた場合の相続時精算課税の特例（措法70の3）と併せて適用が可能です。

令和6年度税制改正大綱（令和5年12月14日、自由民主党・公明党）
・直系尊属から住宅取得等資金の贈与を受けた場合の贈与税の非課税措置について、適用期限を3年（令和8年12月31日まで）延長等する。

---

2 住宅資金非課税限度額

　住宅資金非課税限度額は、次の表のとおりです（措法70の2②六）。

【図表17】住宅資金非課税限度額

	省エネ等住宅	省エネ等住宅以外の住宅
住宅資金非課税限度額	1,000万円	500万円

(注)　「省エネ等住宅」とは、①エネルギーの使用の合理化に著しく資する住宅用家屋、②地震に対する安全性に係る基準に適合する住宅用家屋又は③高齢者等（措法41条の３の２①に規定する「高齢者等」をいいます。）が自立した日常生活を営むのに必要な構造及び設備の基準に適合する住宅用の家屋をいい、下記の区分に応じ、それぞれ次に掲げる家屋をいいます（措法70の２②六イ、措令40の４の２⑧、平成24年国土交通省告示第389号）。

対象家屋	省エネ等基準
住宅用家屋の新築又は建築後使用されたことのない住宅用家屋	○断熱等性能等級４以上若しくは一次エネルギー消費量等級４以上の住宅
建築後使用されたことのある住宅用家屋	○耐震等級（構造躯体の倒壊等防止）２以上若しくは免震建築物の住宅
増改築等をした住宅用家屋	○高齢者等配慮対策等級（専用部分）３以上である住宅

　各等級は、住宅性能表示制度の性能等級と同じです（具体的な基準は、評価方法基準（平成13年国土交通省告示第1347号）において定められています。）。

3　住宅用家屋の取得期限等の要件

ⅰ　新築又は建築後使用されたことのない住宅用家屋の取得の場合（措法70の２①一）

イ　住宅取得等資金を贈与により取得した年の翌年３月15日までにその住宅取得等資金の全額により住宅用家屋の新築又は建築後使用されたことのない住宅用家屋の取得をし、その日までに特定受贈者の居住の用に供していること

ロ　住宅取得等資金を贈与により取得した年の翌年３月15日までにその住宅取得等資金の全額により住宅用家屋の新築又は建築後使用されたことのない住宅用家屋を取得し、その日後遅滞なく特定受贈者の居住の用に供することが確実と見込まれること

　(注)１　新築には、新築に準ずる状態として、屋根（その骨組みを含みます。）を有し、土地に定着した建造物として認められる時以後の状態が含まれます

（措規23の5の2①）。
2　住宅用家屋の新築又は取得には、住宅用家屋とともに取得するその敷地の用に供される土地等が含まれます。
3　上記2の土地等の取得の範囲には、住宅用家屋の新築に先行してするその敷地の用に供されることとなる土地等の取得が含まれます（措法70の2①一）。
　　ただし、この場合でも新築される住宅用家屋については、上記iの要件を満たさなければなりません。

ii　既存住宅用家屋の取得の場合（措法70の2①ニ）

イ　住宅取得等資金を贈与により取得した年の翌年3月15日までにその住宅取得等資金の全額により既存住宅用家屋を取得し、その日までに特定受贈者の居住の用に供していること

ロ　住宅取得等資金を贈与により取得した年の翌年3月15日までにその住宅取得等資金の全額により既存住宅用家屋を取得し、その日後遅滞なく特定受贈者の居住の用に供することが確実と見込まれること

（注）　既存住宅用家屋の取得には、既存住宅用家屋とともに取得するその敷地の用に供される土地等が含まれます。

iii　増改築等の場合（措法70の2①三）

イ　住宅取得等資金を贈与により取得した年の翌年3月15日までにその住宅取得等資金の全額を特定受贈者が居住の用に供している家屋の増改築等の対価に充てて増改築等を行い、その日までに特定受贈者の居住の用に供していること

ロ　住宅取得等資金を贈与により取得した年の翌年3月15日までにその住宅取得等資金の全額を特定受贈者が居住の用に供している家屋の増改築等の対価に充てて増改築等を行い、その日後遅滞なく特定受贈者の居住の用に供することが確実と見込まれること

（注）1　増改築等には、増改築等の完了に準ずる状態として、増築又は改築部分の屋根（その骨組みを含みます。）を有し、既存の家屋と一体となって土地に定着した建造物として認められる時以後の状態が含まれます（措規23の5の2②）。
2　増改築等には、増改築等とともに取得するその敷地の用に供されることとなる土地等が含まれます。

特定受贈者の要件

　非課税制度の適用を受けることができる特定受贈者は、以下の要件を全て満たす者をいいます。（措法70の２①、②一、相法１の４①一二、措令40の４の２①）。

1	贈与を受けた時に<u>贈与者の直系卑属</u>（贈与者は受贈者の直系尊属）であること。 （注）　配偶者の父母（又は祖父母）は直系尊属には当たりませんが、養子縁組をしている場合は直系尊属に当たります。
2	贈与を受けた年の１月１日において<u>18歳以上</u>（令和４年３月31日以前の贈与は20歳以上）であること。
3	贈与を受けた年の年分の所得税に係る合計所得金額が<u>2,000万円以下</u>（新築等をした住宅用の家屋の床面積が<u>40㎡以上50㎡未満である場合は1,000万円以下</u>）であること。
4	平成21年分から令和３年分までの贈与税の申告で「住宅取得等資金の贈与を受けた場合の贈与税の非課税」の適用を受けたことがないこと（以下、この期間の「住宅取得等資金の贈与を受けた場合の贈与税の非課税」の制度を「旧非課税制度」といいます。）。
5	自己の配偶者、親族などの一定の特別の関係がある者から住宅用の家屋を取得したものではないこと、又はこれらの者との請負契約等により新築若しくは増改築等をしたものではないこと。
6	贈与を受けた年の翌年３月15日までに、住宅取得等資金の全額を充てて住宅用の家屋の新築等をすること。 （注）　受贈者が「住宅用の家屋」を所有する（共有持分を有する場合も含まれます。）ことにならない場合は、この新非課税制度の適用を受けることはできません。
7	贈与を受けた時に、日本国内に住所を有し、かつ、日本国籍を有していること。 （注）　贈与を受けた時に上記の要件に該当しない場合であっても、一定の要件の下に、対象となる場合があります。
8	贈与を受けた年の翌年３月15日までにその家屋に居住すること又は同日後遅滞なくその家屋に居住することが確実であると見込まれること。 （注）　贈与を受けた年の翌年12月31日までにその家屋に居住していないときは、原則としてこの非課税制度の適用を受けることはできませんので、修正申告が必要となります。

出典：国税庁「住宅取得等資金の贈与を受けた場合の贈与税の非課税」等のあらまし

5　住宅取得等資金の要件

　非課税制度の対象となる住宅取得等資金とは、次のイ～ハに掲げる新築等（特定受贈者の配偶者その他の特定受贈者と特別の関係がある者との請負契約その他の契約に基づき新築若しくは増改築等をする場合又はその特別の関係がある者から取得をする場合を除きます。）の対価に充てるための金銭をいいます（措法70の2②五）。

イ　特定受贈者による住宅用家屋の新築又は建築後使用されたことのない住宅用家屋の取得（これらの住宅用家屋の新築又は取得とともにするその敷地の用に供されている土地等の取得を含みます。）

ロ　特定受贈者による既存住宅用家屋の取得（その既存住宅用家屋の取得とともにするその敷地の用に供されている土地等の取得を含みます。）

ハ　特定受贈者が所有している家屋につき行う増改築等（その家屋についての増改築等とともにするその敷地の用に供されることとなる土地等の取得を含みます。）

　(注)1　住宅取得等資金の範囲には、住宅用家屋の新築に先行してするその敷地の用に供されることとなる土地等の取得の対価に充てるための金銭が含まれます（措法70の2①一）。
　　　2　住宅取得等資金により新築等する住宅用家屋等の所在地は国内でなければなりませんが、その住宅取得等資金の所在地は国内又は国外のいずれでもかまいません（措通70の2-4、措通70の3-3）。

　特定受贈者と特別の関係がある者とは、次に掲げる者をいいます（措令40の4の2⑦）。

a　特定受贈者の配偶者及び直系血族

b　特定受贈者の親族（aに掲げる者を除きます。）で特定受贈者と生計を一にしているもの

c　特定受贈者と婚姻の届出をしていないが事実上婚姻関係と同様の事情にある者及びその者の親族でその者と生計を一にしているもの

d　上記aからcに掲げる者以外の者で特定受贈者から受ける金銭等によって生計を維持しているもの及びその者の親族でその者と生計を一にしているもの

6　対象となる住宅の要件

　「住宅用の家屋の新築」には、その新築とともにするその敷地の用に供される土地等又は住宅用の家屋の新築に先行してするその敷地の用に供されることとなる土地等の取得を含み、「住宅用の家屋の取得又は増改築等」には、その住宅用の家屋の取得又は増改築等とともにするその敷地の用に供されることとなる土地等の取得を含みます（措法70の2②五）。

　また、対象となる住宅用の家屋は、日本国内にあるものに限られます。

ⅰ　新築又は取得の場合の要件

1	新築又は取得をした住宅用の家屋の登記簿上の床面積（マンションなどの区分所有建物の場合はその専有部分の床面積）が40㎡以上240㎡以下で、かつ、その家屋の床面積の2分の1以上に相当する部分が受贈者の居住の用に供されるものであること。
2	取得をした住宅用の家屋が次のいずれかに該当するものであること。 ①　建築後使用されたことのない住宅用の家屋 ②　建築後使用されたことのある住宅用の家屋で、昭和57年1月1日以後に建築されたもの ③　建築後使用されたことのある住宅用の家屋で、地震に対する安全性に係る基準に適合するものであることにつき、次のいずれかの書類により証明がされたもの <table><tr><td>a</td><td>耐震基準適合証明書</td></tr><tr><td>b</td><td>建設住宅性能評価書の写し（耐震等級に係る評価が等級1、2又は3であるもの）</td></tr><tr><td>c</td><td>既存住宅売買瑕疵担保責任保険契約が締結されていることを証する書類</td></tr></table>（注）上記aからcの書類は家屋の取得の日前2年以内に、その証明のための家屋の調査が終了したもの、評価されたもの又は保険契約が締結されたものに限ります。 ④　上記②及び③のいずれにも該当しない建築後使用されたことのある住宅用の家屋で、その住宅用の家屋の取得の日までに同日以後その住宅用の家屋の耐震改修を行うことにつき、次に掲げる申請書等に基づいて都道府県知事などに申請をし、かつ、贈与を受けた年の翌年3月15日までにその耐震改修によりその住宅用の家屋が耐震基準に適合することとなったことにつき、次に掲げる証明書等により証明がされたもの

		申請書等	証明書等	（参考）耐震改修を行うことについての申請先
2	a	建築物の耐震改修の計画の認定申請書	耐震基準適合証明書	都道府県知事等
	b	耐震基準適合証明申請書（仮申請書）	耐震基準適合証明書	建築士、指定確認検査機関、登録住宅性能評価機関、住宅瑕疵担保責任保険法人
	c	建設住宅性能評価申請書（仮申請書）	建設住宅性能評価書の写し（耐震等級に係る評価が等級1、2又は3であるもの）	登録住宅性能評価機関
	d	既存住宅売買瑕疵担保責任保険契約の申込書	既存住宅売買瑕疵担保責任保険契約が締結されていることを証する書類	住宅瑕疵担保責任保険法人

（注）　申請書等は住宅用の家屋の取得の日までに行った申請に係るもの、また、証明書等は贈与を受けた年の翌年3月15日までに耐震基準に適合することとなった住宅用の家屋に係るものに限ります。

出典：国税庁「住宅取得等資金の贈与を受けた場合の贈与税の非課税」等のあらまし

ⅱ　増改築等の場合の要件

1	増改築等をした後の住宅用の家屋の登記簿上の床面積（マンションなどの区分所有建物の場合はその専有部分の床面積）が40㎡以上240㎡以下で、かつ、その家屋の床面積の2分の1以上に相当する部分が受贈者の居住の用に供されるものであること。
2	増改築等の工事が、自己が所有し、かつ、居住している家屋に対して行われたもので、一定の工事に該当することについて次のいずれかの書類により証明がされたものであること。 a　確認済証の写し b　検査済証の写し c　増改築等工事証明書（注） （注）　増改築等に係る工事が、住宅用の家屋について行う給水管、排水管又は雨水の侵入を防止する部分に係る修繕又は模様替である場合には、住宅瑕疵担保責任保険法人が引受けを行ったリフォーム工事瑕疵担保責任保険契約が締結されていることを証する書類も併せて提出してください。
3	増改築等に係る工事に要した費用の額が100万円以上であること。 また、増改築等の工事に要した費用の額の2分の1以上が、自己の居住の用に供される部分の工事に要したものであること。

（注）1　「新築」には、贈与を受けた年の翌年3月15日において屋根（その骨組みを含みます。）を有し・土地に定着した建造物として認められる時以後の状態にあるものが含まれます。
　　　2　「増改築等」には、贈与を受けた年の翌年3月15日において増築又は改築部分の屋根（その骨組みを含みます。）を有し、既存の家屋と一体となって土地に定着した建造物として認められる時以後の状態にあるものが含まれます。
　　　3　「取得」の場合には、上記注1及び注2の状態にあるものが含まれませんので、贈与を受けた住宅取得等のための金銭を建売住宅又は分譲マンションの取得の対価に充てている場合であっても、贈与を受けた年の翌年3月15日までにその引渡しを受けていなければ、新非課税制度の適用を受けることはできません。

出典：国税庁「住宅取得等資金の贈与を受けた場合の贈与税の非課税」等のあらまし

7　申告手続

　非課税制度は、贈与税の申告書の提出期間内に、その贈与税の申告書に適用を受けようとする旨を記載し、一定の書類を添付した場合に限り、その適用を受けることができます（措法70の2⑭）。また、税務署長は、その旨の記載又は

一定の書類の添付がない申告書の提出があった場合で、その記載又は添付がな
かったことについてやむを得ない事情があると認めるときは、その後にその旨
を記載した書類及び計算の明細書等の書類の提出があった場合に限り、非課税
制度を適用することができることとされています（措法70の2⑮）。

　（注）1　期限後申告又は決定による贈与税については、非課税制度の適用はありま
　　　　　せん（措通70の2－15）。
　　　　2　租税特別措置法第70条の2第15項の規定は、「その旨の記載又は計算の明
　　　　　細書等の書類の添付がない贈与税の申告書の提出があった場合」においてゆ
　　　　　うじょする規定であり、申告書の提出がない場合をゆうじょする規定ではあ
　　　　　りません。

8　住宅取得等資金の贈与者が死亡した場合における相続税の課税価格に加算する金額

　住宅取得等資金の贈与をした者（以下「住宅資金贈与者」といいます。）が
死亡した場合に、非課税制度の適用によって贈与税の課税価格に算入されな
かった住宅取得等資金の金額は、相続税の課税価格の計算の基礎に算入されな
いこととなります（措法70の2③、措令40の4の2⑫）。

9　住宅資金贈与者が贈与した年中に死亡した場合

　住宅資金贈与者が、贈与をした年の中途において死亡した場合に、次のA、
Bの場合に該当するときは、その住宅取得等資金を取得した特定受贈者は、贈
与税の申告書等を提出期間内に提出することによって、非課税制度を適用する
ことができることとされています（措令40の4の2⑬）。
A　特定受贈者が、その住宅資金贈与者から相続又は遺贈により財産を取得し
　た場合
B　特定受贈者が、次のa、bに掲げる者のいずれかに該当する場合
　a　その住宅資金贈与者に係る相続時精算課税適用者
　b　住宅取得等資金を贈与により取得した日の属する年中において、その住
　　宅資金贈与者から贈与を受けた財産について、相続時精算課税選択届出書
　　を提出する者
　また、A及びBに該当せず、住宅取得等資金を取得した特定受贈者が非課

税制度の適用を受けようとするときには、贈与税の申告書等を期限内に提出しなければなりません（A及びBに該当しない場合には、相続税法第21条の2第4項の規定の適用はありません。）。

(注)　住宅資金贈与者がその贈与をした年の中途において死亡した場合において、特定受贈者が贈与税の申告書を期限内に提出しない場合には、この特例の適用はありません。また、その贈与された住宅取得等資金の金額は、その贈与をした者の死亡に係る相続税の課税価格の計算の基礎に算入されます（措通70の2－14なお書、相法19①、21の15、21の16）。

10　特定受贈者が贈与税の申告書等の提出期限前に申告書等を提出しないで死亡した場合

特定受贈者が贈与税の申告書等の提出期限前に申告書等を提出しないで死亡した場合には、その特定受贈者の相続人（包括受遺者を含みます。）は、その申告書等を提出することにより、非課税制度の適用を受けることができます。

このケースで提出する贈与税の申告書等は、その特定受贈者の相続人がその相続の開始があったことを知った日の翌日から10か月以内に提出しなければなりません（措令40の4の2⑭）。

11　期限までに居住の用に供しなかった場合の修正申告等及び納付

住宅取得等資金を贈与により取得した日の属する年の翌年3月15日後遅滞なく居住の用に供することが確実であると見込まれることにより、非課税制度の適用を受けていた特定受贈者が、贈与を受けた年の翌年12月31日までに居住の用に供しなかったときは、非課税制度は適用されません（措法70の2④）。

この場合、その住宅取得等資金を贈与により取得した日の属する年の翌年の12月31日から2か月以内に修正申告書を提出し、その提出により納付すべき税額を納付する必要があります（措法70の2④、措通70の2－13）。

このケースにおいて修正申告書の提出がないときは、税務署長は更正を行うこととされています（措法70の2⑤）。

なお、財産を取得した者が相続時精算課税適用者以外の者である場合には暦

年課税により贈与税を計算し、相続時精算課税適用者である場合には、相続時精算課税に係る特別控除額を控除しないで贈与税を計算することとされています（措通70の2－13(注)3）。

12 災害があった場合の非課税制度の措置

ⅰ 住宅取得等資金を贈与により取得した後に、災害があった場合の非課税制度の措置については、次のA～Cのとおりです。

また、災害とは震災、風水害、火災、冷害、雪害、干害、落雷、噴火その他の自然現象の異変による災害及び鉱害、火薬類の爆発その他の人為による異常な災害並びに害虫、害獣その他の生物による異常な災害をいいます（措令40の4の2⑩）。

A 新築若しくは取得又は増改築等をした住宅用の家屋が滅失した場合

a 贈与により金銭の取得をした者が、その金銭を住宅用の家屋の新築等の対価に充てて、贈与を受けた年の翌年3月15日までに新築等をした場合には、新築等をした住宅用の家屋が災害により滅失（通常の修繕によっては原状回復が困難な損壊を含みます。）したことにより、同日までに居住することができなくなったときにおいても、非課税制度の適用を受けることができます（措法70の2⑨）。

b 住宅取得等資金の贈与を受けて住宅用の家屋の新築等をした者が、その贈与を受けた年の翌年3月15日後遅滞なくその住宅用の家屋を居住の用に供することが確実であると見込まれることにより、非課税制度の適用を受けた場合において、その住宅用の家屋が災害により滅失したため、居住することができなくなったときには、修正申告書の提出をする必要はなく、非課税制度の適用を受けることができます（措法70の2⑧）。

B 災害に基因するやむを得ない事情により居住できない場合

住宅取得等資金の贈与を受けて住宅用の家屋の新築等をした者が、その贈与を受けた年の翌年3月15日後遅滞なくその住宅用の家屋を居住の用に供することが確実であると見込まれることにより、非課税制度の適用を受けた場合において、災害に基因するやむを得ない事情により、贈与を受けた年の翌年12月31日までに居住することができなかったときには、贈与を受けた年の

翌々年12月31日までにその住宅用の家屋に居住するときには非課税制度の適用を受けることができます（措法70の2⑩）。

C　災害に基因するやむを得ない事情により住宅用の家屋の新築若しくは取得又は増改築等ができない場合

　　贈与により金銭の取得をした者が、その金銭を住宅用の家屋の新築等の対価に充てて新築等をし、災害に基因するやむを得ない事情により、贈与を受けた年の翌年3月15日までにその住宅用の家屋の新築等ができなかった場合であっても、贈与を受けた年の翌々年3月15日までにその住宅用の家屋の新築等をし、同年12月31日までにその住宅用の家屋に居住するときは、非課税制度の適用を受けることができます（措法70の2⑪）。

ii　非課税制度の適用を受けた者が新築等をした家屋が自然災害（被災者生活再建支援法施行令第1条に規定するものをいいます。）により滅失した場合において、令和4年1月1日から令和5年12月31日までの間に非課税制度を受けようとするときは、既に受けた非課税制度に係る控除額を考慮する必要はありません（措法70の2⑫⑬）。

iii　旧非課税制度の適用を受けて新築等した住宅用家屋が、災害により滅失した場合には、再度、非課税制度の適用を受けることができます（措法70の2⑬）。

3 直系尊属から教育資金の一括贈与を受けた場合の非課税措置

1 制度のあらまし

　平成25年4月1日から令和8年3月31日までの間に、30歳未満の者（受贈者）が教育資金に充てるため、金融機関（信託銀行、銀行等及び証券会社）との一定の契約に基づき、受贈者の直系尊属（贈与者）から、①信託受益権を取得した場合、②書面による贈与により取得した金銭を銀行等に預入した場合又は③書面による贈与により取得した金銭等で証券会社等で有価証券を購入した場合（教育資金口座の開設）には、その信託受益権等の価額のうち1,500万円までの金額に相当する部分の価額については、受贈者が金融機関等の営業所等に教育資金非課税申告書の提出等をすることにより、贈与税が非課税となります。

（契約期間中に贈与者が死亡した場合）

　原則として、その死亡日における非課税拠出額から教育資金支出額を、その控除した残額のうち、一定の計算をした金額（管理残額）を、（学校等以外の者に支払われる金銭については、500万円が限度）その贈与者から相続等により取得したものとみなされます。

（教育資金口座に係る契約が終了した場合）

　非課税拠出額から教育資金支出額を控除（相続等により取得したものとみなされた管理残額がある場合には、その管理残額も控除します。）した残額があるときは、その残額はその契約終了時に贈与があったこととされます。

　(注)1　平成31年4月1日以後に取得した信託受益権等について、その取得の日の属する年の前年分の受贈者の所得税に係る合計所得金額が1,000万円を超える場合には、この非課税措置の適用はありません。
　　　2　贈与者の死亡の日において、受贈者が23歳未満である場合や平成31年4月1日以後に取得した信託受益権等がない場合など、一定の場合には、相続等により取得したものとはみなされません。
　　　3　「非課税拠出金額」とは、教育資金非課税申告書又は追加教育資金非課税申告書に、教育資金の非課税措置の適用を受けるものと記載された金額の合計額（1,500万円限度）をいいます。

　　　4　「教育資金支出額」とは、金融機関等の営業所等において、教育資金の支払の事実を証する書類等（領収書等）により教育資金の支払いの事実が確認され、かつ、記録された金額の合計額をいいます。

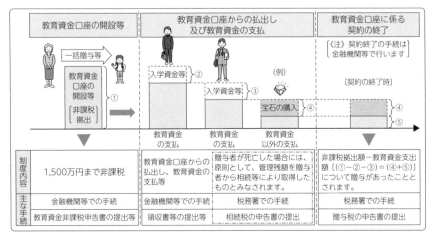

出典：国税庁「祖父母などから教育資金の一括贈与を受けた場合の贈与税の非課税制度のあらまし」（一部加筆）

2　教育資金の範囲

イ　学校等に対して直接支払われる次のような金銭をいいます。
　　①　入学金、授業料、入園料、施設設備費又は入学試験の検定料等
　　②　学用品の購入費、修学旅行費、学校給食費など学校等における教育に伴って必要な費用など
ロ　学校等以外の者に対して直接支払われる次のような金銭で教育を受けるために支払われるものとして社会通念上相当と認められるものをいいます。
　〈学習塾、水泳教室などに直接支払われるもの〉
　　③　教育（学習塾、そろばんなど）に関する役務の提供の対価や施設の使用料など
　　④　スポーツ（水泳、野球など）又は文化芸術に関する活動（ピアノ、絵画など）その他教養の向上のための活動に係る指導への対価など
　　⑤　③又は④で使用する物品の購入に要する費用
　〈物品の販売店などに支払われるもの〉

⑥　②に充てるための金銭であって、学校等が必要と認めたもの

⑦　通学定期券代、留学のための渡航費などの交通費

3　教育資金口座の開設等

　教育資金の非課税制度の適用を受けるためには、教育資金口座の開設等を行った上で、教育資金非課税申告書をその口座の開設を行った金融機関等の営業所等に、信託や預入などをする日までに提出等をしなければなりません（この申告書は、金融機関等の営業所等が受理した日に受贈者の納税地の所轄税務署長に提出されたものとみなされます。）。

4　教育資金口座からの払出し及び教育資金の支払

　教育資金口座からの払出し及び教育資金の支払を行った場合には、受贈者が教育資金口座の開設等の時に選択した教育資金口座の払出方法に応じ、その支払に充てた金銭に係る領収書などその支払の事実を証する書類等を、次のa又はbの提出期限までに金融機関等の営業所等に提出等をする必要があります。

a　教育資金を支払った後に実際に支払った金額を口座から払い出す方法を選択した場合　⇒　領収書等に記載等がされた支払年月日から1年を経過する日

b　a以外の方法を選択した場合　⇒　領収書等に記載等がされた支払年月日の属する年の翌年3月15日

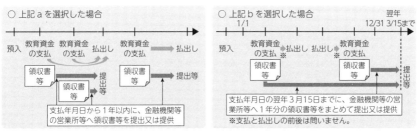

出典：国税庁前掲（一部加筆）

5 契約期間中に贈与者が死亡した場合

　契約期間中に贈与者が死亡した場合において、次のイ又はロに掲げる場合に該当するときは、贈与者が死亡した旨の金融機関等の営業所等への届出が必要となり、一定の事由に該当する場合を除き※1、管理残額※2が相続等により取得したものとみなされます。

　イ　令和3年4月1日以後にその贈与者から信託受益権等の取得をし、この非課税制度の適用を受けた場合

　ロ　平成31年4月1日から令和3年3月31日までの間にその贈与者から信託受益権等の取得（その死亡前3年以内の取得に限ります。）をし、この非課税制度の適用を受けた場合

※1　受贈者が贈与者の死亡日において、①23歳未満である場合、②学校等に在学している場合又は③教育訓練給付金の支給対象となる教育訓練を受けている場合（②又は③に該当する場合は、その旨を明らかにする書類を上記の届出と併せて提出した場合に限ります。以下「23歳未満である場合等」といいます。）は、相続等によって取得したものとはみなされません。ただし、令和5年4月1日以後に贈与者から信託受益権等の取得をし、この非課税制度の適用を受けた場合で、同日以後にその贈与者が死亡したときにおいて、その贈与者に係る相続税の課税価格の合計額が5億円を超えるとき（管理残額を加算する前の相続税の課税価格の合計額で判定します。）は、その信託受益権等に対応する部分が、相続等により取得したものとみなされます。

※2　贈与者の死亡日における管理残額は、各金融機関等の営業所等で確認してください。
　その結果、その贈与者から相続等により財産を取得した者（受贈者本人や他の相続人など）それぞれの課税価格の合計額が、遺産に係る基礎控除額を超える場合には、相続税の申告期限までに相続税の申告を行う必要があります。なお、受贈者が贈与者の子以外（孫など）の一定の者である場合には、管理残額のうち、令和3年4月1日以後に贈与により取得した信託受益権等に対応する部分の相続税額について、相続税額の2割に相当する金額を加算する規定（以下「相続税額の2割加算」といいます。）が適用されます。

（参考）贈与者死亡時における管理残額の相続税課税

搬出時期／課税関係	～H31.3.31	H31.4.1～R3.3.31	R3.4.1～R5.3.31	R5.4.1～
管理残額の相続税課税	課税なし	死亡前3年以内の非課税拠出分に限り課税あり	課税あり	課税あり
23歳未満である場合等に該当	課税なし	課税なし	課税なし	課税あり※
相続税額の2割加算	適用なし	適用なし	適用あり	適用あり

※贈与者に係る相続税の課税価格の合計額が5億円以下である場合には、課税されません。

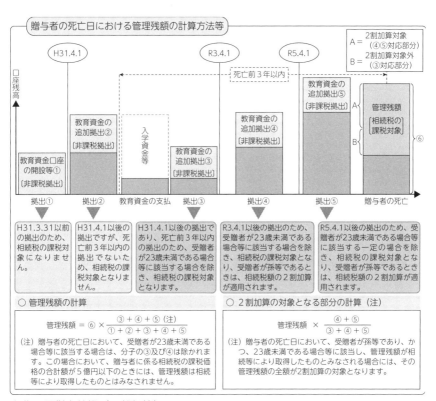

出典：国税庁前掲（一部加筆）

6　教育資金口座に係る契約の終了

　教育資金口座に係る契約は、次の(1)～(5)の事由に応じ、それぞれに定める日のいずれか早い日に終了します。

契約の終了事由	終了の日
(1)　受贈者が30歳に達したこと（その受贈者が30歳に達した日において学校等に在学している場合又は教育訓練を受けている場合（これらの場合に該当することについて金融機関等の営業所等に届け出た場合に限ります。）を除きます。）	30歳に達した日
(2)　受贈者（30歳以上の者に限ります。(3)において同じです。）がその年中のいずれかの日において学校等に在学した日又は教育訓練を受けた日があることを、金融機関等の営業所等に届け出なかったこと	その年の12月31日
(3)　受贈者が40歳に達したこと	40歳に達した日
(4)　口座の残高が 0（ゼロ）になり、かつ、その口座に係る契約を終了させる合意があったこと	合意に基づき終了する日
(5)　受贈者が死亡したこと	死亡した日

出典：国税庁前掲

　(1)～(4)の事由に該当したことにより、教育資金口座に係る契約が終了した場合に、非課税拠出額から教育資金支出額を控除（相続等により取得したものとみなされた管理残額がある場合には、その管理残額も控除します。）した残額※があるときは、その残額が終了の日の属する年の受贈者の贈与税の課税価格に算入されます（(5)の場合には、贈与税の課税価格に算入されるものはありません。）。

　その結果、その年の贈与税の課税価格の合計額が基礎控除額を超えるなどの場合には、贈与税の申告期限までに贈与税の申告を行う必要があります。

　※　暦年課税で申告を行う場合、令和 5 年 4 月 1 日以後に取得した信託受益権等に対応する部分は、一般税率が適用されます。

4　結婚・子育て資金の一括贈与非課税措置

1　制度のあらまし

　平成27年4月1日から令和7年3月31日までの間に、18歳以上50歳未満の方（以下「受贈者」といいます。）が、結婚・子育て資金に充てるため、金融機関等との一定の契約に基づき、受贈者の直系尊属（父母や祖父母など。以下「贈与者」といいます。）から①信託受益権を取得した場合、②書面による贈与により取得した金銭を銀行等に預入をした場合又は③書面による贈与により取得した金銭等で証券会社等で有価証券を購入した場合（以下「結婚・子育て資金口座の開設等」といいます。）には、その信託受益権又は金銭等の価額のうち1,000万円までの金額に相当する部分の価額については、受贈者が金融機関等の営業所等に結婚・子育て資金非課税申告書の提出等をすることにより、贈与税が非課税となります。

　なお、契約期間中に贈与者が死亡した場合には、その死亡日における非課税拠出額から結婚・子育て資金支出額（結婚に際して支払う金銭については、300万円を限度とします。）を控除した残額のうち、一定の計算をした金額（以下「管理残額」といいます。）を、その贈与者から相続等により取得したものとみなされます。

　また、結婚・子育て資金口座に係る契約が終了した場合には、非課税拠出額から結婚・子育て資金支出額を控除（相続等により取得したものとみなされた管理残額がある場合には、その管理残額も控除します。）した残額があるときは、その残額はその契約終了時に贈与があったこととされます。

　※1　平成31年4月1日以後に取得した信託受益権又は金銭等について、その取得した日の属する年の前年分の受贈者の所得税に係る合計所得金額が1,000万円を超える場合には、この非課税制度の適用を受けることができません。
　　2　「非課税拠出額」とは、結婚・子育て資金非課税申告書又は追加結婚・子育て資金非課税申告書にこの非課税制度の適用を受けるものとして記載された金額の合計額（1,000万円を限度とします。）をいいます。
　　3　「結婚・子育て資金支出額」とは、金融機関等の営業所等において、結婚・子育て資金の支払の事実を証する書類（領収書等）により結婚・子育て資金の支払の事実が確認され、かつ、記録された金額の合計額をいいます。

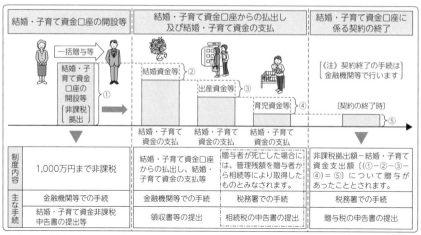

制度内容	結婚・子育て資金口座の開設等	結婚・子育て資金口座からの払出し及び結婚・子育て資金の支払		結婚・子育て資金口座に係る契約の終了
制度内容	1,000万円まで非課税	結婚・子育て資金口座からの払出し、結婚・子育て資金の支払等	贈与者が死亡した場合には、管理残額を贈与者から相続等により取得したものとみなされます。	非課税拠出額－結婚・子育て資金支出額〔（①－②－③－④）＝⑤〕について贈与があったこととされます。
主な手続	金融機関等での手続	金融機関等での手続	税務署での手続	税務署での手続
主な手続	結婚・子育て資金非課税申告書の提出等	領収書等の提出	相続税の申告書の提出	贈与税の申告書の提出

出典：国税庁「父母などから結婚・子育て資金の一括贈与を受けた場合の贈与税の非課税制度のあらまし」（一部加筆）

5　法人版事業承継税制（贈与・特例措置）

1　制度のあらまし

　法人版事業承継税制は、後継者である受贈者・相続人等が、中小企業における経営の承継の円滑化に関する法律（円滑化法）の認定を受けている非上場会社の株式等を贈与又は相続等により取得した場合において、その非上場株式等に係る贈与税・相続税について、一定の要件のもと、その納税を猶予し、後継者の死亡等により、納税が猶予されている贈与税・相続税の納付が免除される制度です。

　（注）　非上場株式等とは、中小企業者である非上場会社の株式又は出資（医療法人の出資は含まれません。）をいいます。なお、この制度の対象となる非上場株式等は、議決権に制限のないものに限ります。

〈非上場株式等に係る法人版事業承継税制（特例措置）〉

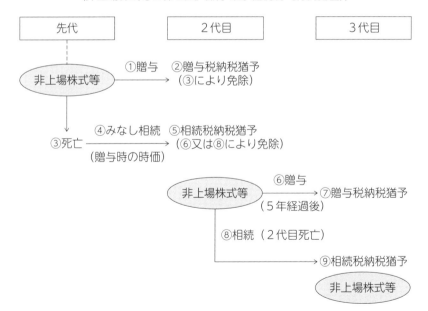

2 制度の流れ

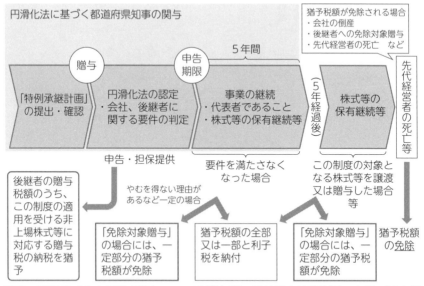

出典：国税庁「非上場株式等についての贈与税・相続税の納税猶予・免除（法人版
　　　事業承継税制）のあらまし」（一部加筆）

① 「特例承継計画」とは、中小企業における経営の承継の円滑化に関する法
　律施行規則（円滑化省令）第16条第1号の計画のことをいい、「特例承継計
　画の確認」とは、円滑化省令第17条第1項第1号の都道府県知事の確認をい
　います。

　　会社の後継者や承継時までの経営見通し等を記載した「特例承継計画」を
　策定し、認定経営革新等支援機関（税理士、商工会、商工会議所等）の所見
　を記載の上、令和6年3月31日までに都道府県知事に提出し、その確認を受
　ける必要があります。

令和6年度税制改正大綱（令和5年12月14日、自由民主党・公明党）
・非上場株式等に係る相続税・贈与税の納税猶予の特例制度について、特
　例承継計画の提出期限を2年（令和8年3月31日まで）延長する。

② 「円滑化法の認定」とは、円滑化法第12条第１項の認定（円滑化省令第６条第１項第11号又は第13号の事由に限ります。）をいいます。

　　具体的には会社の要件、後継者（受贈者）の要件、先代経営者等（贈与者）の要件を満たしていることについての都道府県知事の「円滑化法の認定」を受ける必要があります※。

※ 「円滑化法の認定」を受けるためには、贈与を受けた年の翌年の１月15日までにその申請を行う必要があります。

3　適用要件

① 会社要件

会社の主な要件　次の会社のいずれにも該当しないこと

(1)　上場会社

(2)　中小企業者に該当しない会社

(3)　風俗営業会社

(4)　資産管理会社（一定の要件を満たすものを除きます。）

※ 「資産管理会社」とは、有価証券、自ら使用していない不動産、現金・預金等の特定の資産の保有割合が総資産の総額の70％以上の会社（資産保有型会社）やこれらの特定の資産からの運用収入が総収入金額の75％以上の会社（資産運用型会社）をいいます。

② 後継者（受贈者）要件

(1)　贈与の時において、会社の代表権を有していること

(2)　贈与の日において、18歳以上であること

(3)　贈与の日まで引き続き３年以上会社の役員であること

(4)　贈与の時において、後継者及び後継者と特別の関係がある者で総議決権数の50％超の議決権数を保有することとなること

(5)　贈与の時において、後継者の有する議決権数が、次のイ又はロに該当すること（特例措置）

　　イ　後継者が１人の場合　後継者と特別の関係がある者（他の後継者を除きます。）の中で最も多くの議決権数を保有することとなること

ロ　後継者が2人又は3人の場合　総議決権数の10％以上の議決権数を保有し、かつ、後継者と特別の関係がある者（他の後継者を除きます。）の中で最も多くの議決権数を保有することとなること

③　先代経営者（贈与者）要件

(1)　会社の代表権を有していたこと

(2)　贈与の直前において、贈与者及び贈与者と特別の関係がある者で総議決権数の50％超の議決権数を保有し、かつ、後継者を除いたこれらの者の中で最も多くの議決権数を保有していたこと

(3)　贈与の時において、会社の代表権を有していないこと

※　贈与の直前において、既に法人版事業承継税制の適用を受けている者がいる場合等には、(1)及び(2)の要件は不要になります。

④　取得株数要件

後継者は、次の(1)又は(2)の区分に応じた一定数以上の非上場株式等を取得する必要があります。

(1)　後継者が1人の場合

次の①又は②の区分に応じた株数

①　$a \geq b \times 2/3 - c$ の場合……「$b \times 2/3 - c$」以上の株数

②　$a < b \times 2/3 - c$ の場合……「a」の全ての株数

(2)　後継者が2人又は3人の場合

次の全てを満たす株数

①　$d \geq b \times 1/10$

②　$d >$ 贈与後における先代経営者等の有する会社の非上場株式等の数

a：贈与の直前において先代経営者等が有していた会社の非上場株式等の数

b：贈与の直前の会社の発行済株式等の総数

c：後継者が贈与の直前において有していた会社の非上場株式等の数

d：贈与後における後継者の有する会社の非上場株式等の数

⑤　期限内申告・担保提供

　贈与税の申告期限までに、この制度の適用を受ける旨を記載した贈与税の申告書及び一定の書類を税務署へ提出するとともに、納税が猶予される贈与税額及び利子税の額に見合う担保を提供する必要があります。なお、この制度の適用を受ける非上場株式等の全てを担保として提供した場合には、納税が猶予される贈与税額及び利子税の額に見合う担保の提供があったものとみなされます。

4　継続届出書の提出

①　引き続きこの制度の適用を受けるためには、「継続届出書」に一定の書類を添付して所轄の税務署へ提出する必要があります。なお、「継続届出書」の提出がない場合には、猶予されている贈与税の全額と利子税を納付する必要があります。継続届出書については、（特例）経営贈与承継期間内は毎年、その期間の経過後は3年ごとに提出します。

②　円滑化法の認定を受けた会社も（特例）経営贈与承継期間内は毎年、都道府県知事に対し一定の書類を提出する必要があります。

③　「（特例）経営贈与承継期間」とは、この制度の適用に係る贈与税の申告期限（注）の翌日から、次のa又はbのいずれか早い日と後継者（受贈者）又は先代経営者等（贈与者）の死亡の日の前日のいずれか早い日までの期間をいいます。

　a　後継者（受贈者）の最初のこの制度の適用に係る贈与税の申告期限（注）の翌日以後5年を経過する日

　b　後継者（受贈者）の最初の「非上場株式等についての相続税の納税猶予及び免除」の適用に係る相続税の申告期限（注）の翌日以後5年を経過する日

　（注）　災害等により申告期限の延長がされた場合には、その延長後の申告期限となります。

5　納税猶予期間中の特例継続適用の要件

　申告後も引き続きこの制度の適用を受けた非上場株式等を保有すること、後継者が代表権を有すること等により、納税の猶予が継続されます。ただし、この制度の適用を受けた非上場株式等を譲渡するなど、一定の猶予期限の確定事由に該当する場合には、納税が猶予されている贈与税の全部又は一部について利子税と併せて納付する必要があります。

　「免除対象贈与」とは、制度の適用を受けている非上場株式等が後継者に贈与され、その後継者が「非上場株式等についての贈与税の納税猶予及び免除」の適用を受ける場合における贈与をいいます。

① 　下の表の「A」に該当した場合には、納税が猶予されている贈与税の全額と利子税を併せて納付します。

　　この場合、この制度の適用は終了します。
② 　下の表の「B」に該当した場合には、納税が猶予されている　贈与税のうち、譲渡等した部分に対応する贈与税と利子税を併せて納付します。
　（注）　譲渡等した部分に対応しない贈与税については、引き続き納税が猶予されます。

納税猶予税額を納付する必要がある主な場合	（特例）経営贈与承継期間内	（特例）経営贈与承継期間の経過後
この制度の適用を受けた非上場株式等についてその一部を譲渡等（「免除対象贈与」を除きます。）した場合	A	B
後継者が会社の代表権を有しなくなった場合	A（※1）	C（※2）
会社が資産管理会社に該当した場合（一定の要件を満たす会社を除きます。）	A	A
一定の基準日（※4）における雇用の平均が、「贈与時の雇用の8割」を下回った場合	C（※2、3）	C（※2）

出典：国税庁前掲（一部加筆）

　※　1　やむを得ない理由がある場合を除きます。
　　　2　「C」に該当した場合には、引き続き納税が猶予されます。
　　　3　円滑化省令では、下回った理由等を記載した報告書を都道府県知事に提出し、確認を受けることとされています。なお、その報告書及び確認書の写しは、継続届出書に添付することとされています。
　　　4　雇用の平均は、（特例）経営贈与承継期間の末日に判定します。

6　猶予中の贈与税の納付が免除される場合

　先代経営者等（贈与者）の死亡等があった場合には、「免除届出書」・「免除申請書」を提出することにより、その死亡等のあったときにおいて納税が猶予されている贈与税の全部又は一部についてその納付が免除されます。

◆納税が猶予されている贈与税の納付が免除される主な場合
(1)　先代経営者等（贈与者）が死亡した場合
(2)　後継者（受贈者）が死亡した場合
(3)　（特例）経営贈与承継期間内において、やむを得ない理由により会社の代表権を有しなくなった日以後に「免除対象贈与」を行った場合
(4)　（特例）経営贈与承継期間の経過後に「免除対象贈与」を行った場合
(5)　（特例）経営贈与承継期間の経過後において会社について破産手続開始決定などがあった場合
(6)　（特例）経営贈与承継期間の経過後に、事業の継続が困難な一定の事由が生じた場合において、会社について、譲渡・解散した場合（下記参照）

　　○　（特例）経営（贈与）承継期間の経過後に、事業の継続が困難な一定の事由が生じた場合[1]に特例措置の適用に係る非上場株式等の譲渡等をした場合は、その対価の額（譲渡等の時の相続税評価額の50％に相当する金額が下限になります[2]。）を基に相続（贈与）税額等を再計算し、再計算した税額と直前配当等の金額との合計額が当初の納税猶予税額を下回る場合には、その差額は免除されます（再計算した税額は納付）。

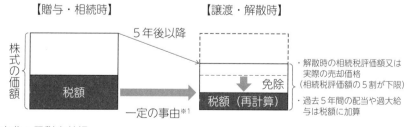

出典：国税庁前掲

※1　①過去3年間のうち2年以上赤字などの場合、②過去3年間のうち2年以上
　　売上減などの場合、③有利子負債≧売上の6か月分の場合、④類似業種の上場
　　企業の株価が前年の株価を下回る場合、⑤心身の故障等により後継者による事
　　業の継続が困難な場合（譲渡・合併のみ）。
※2　譲渡等から2年後において、譲渡等の時の雇用の半数以上が維持されている
　　場合には、実際の対価の額に基づく税額との差額は、その時点で免除されま
　　す。

7　納税猶予される贈与税額の計算

　令和6年に贈与を受けた財産の合計額に基づき贈与税を計算します（相続時
精算課税を選択）。

1億円

A　| 現金　3,000万円 | 非上場株式　7,000万円 |

（課税価格）　（基礎控除額）　（特別控除額）
　　1億円　－　　　110万円　－　　2,500万円　　＝7,390万円
7,390万円×20％＝1,478万円（Aに対する贈与税額）

B　| 非上場株式　7,000万円 |

（課税価格）　（基礎控除額）　（特別控除額）
　7,000万円　－　　　110万円　－　　2,500万円　　＝4,390万円
4,390万円×20％＝878万円（Bに対する贈与税額）

・A－B＝納付税額　　　1,478万円－878万円＝600万円
・B＝納付猶予税額　　　　　　　　　　　　878万円

8　円滑化法の認定等に関する窓口について

　法人版事業承継税制の適用を受けようとしている方、又は、適用を受けている方で、贈与税又は相続税の申告書・納税猶予の継続届出書等に添付して提出する「中小企業における経営の承継の円滑化に関する法律施行規則」に基づく認定、確認及びそれに係る申請書・報告書の提出に関する窓口は会社の主たる事務所が所在する都道府県です。

　また、特例承継計画の提出に関する窓口についても会社の主たる事務所が所在する都道府県になります。

〈各都道府県のお問合せ先〉
令和5年6月1日現在

北海道	経済部地域経済局　中小企業課	011-204-5331	滋賀県	商工観光労働部　中小企業支援課	077-528-3732
青森県	商工労働部 地産業課　創業支援グループ	017-734-9374	京都府	商工労働観光部 中小企業総合支援課	075-414-4836
岩手県	商工労働観光部　経営支援課	019-629-5544	大阪府	商工労働部 中小企業支援室　経営支援課	06-6210-9490
宮城県	経済商工観光部　中小企業支援室	022-211-2742	兵庫県	産業労働部 地域経済課	078-362-3313
秋田県	産業労働部　産業政策課	018-860-2215	奈良県	産業振興総合センター 創業・経営支援課　経営支援課	0742-33-0817
山形県	産業労働部　産業創造振興課 スタートアップ推進室	023-630-2708	和歌山県	商工観光労働部 商工労働政策課　商工振興課	073-441-2742
福島県	商工労働部　経営金融課	024-521-7288	鳥取県	商工労働部　企業支援課	0857-26-7453
茨城県	産業戦略部　中小企業課	029-301-3560	島根県	商工労働部　中小企業課	0852-22-5354
栃木県	産業労働観光部　経営支援課	028-623-3173	岡山県	産業労働部　経営支援課	086-226-7353
群馬県	産業経済部　地域企業支援課 経営・事業承継支援係	027-226-3339	広島県	商工労働局 イノベーション推進チーム	082-513-3355
埼玉県	産業労働部　産業支援課	048-830-3910	山口県	商工労働部　経営金融課	083-933-3180
千葉県	商工労働部　経営支援課	043-223-2712	徳島県	商工労働観光部　商工政策課	088-621-2322
東京都	産業労働局　商工部　経営支援課 事業承継税制担当	03-5320-4785	香川県	商工労働部　経営支援課	087-832-3345
神奈川県	産業労働局　中小企業部　中小企業支援課 （かながわ中小企業成長支援ステーション）	046-235-5620	愛媛県	経済労働部 産業支援局経営支援課	089-912-2480
新潟県	産業労働部　地域産業振興課 小規模企業支援班	025-280-5235	高知県	商工労働部　経営支援課	088-823-9697
富山県	商工労働部　地域産業支援課	076-444-3248	福岡県	商工部　中小企業振興課	092-643-3425
石川県	商工労働部　経営支援課	076-225-1522	佐賀県	産業労働部　産業政策課	0952-25-7182
山梨県	産業労働部 スタートアップ・経営支援課	055-223-1541	長崎県	産業労働部　経営支援課	095-895-2651
長野県	産業労働部　経営・創業支援課 創業・承継支援係	026-235-7194	熊本県	【製造業以外】商工労働部 商工雇用創生局　商工振興金融課	096-333-2316
岐阜県	商工労働部 産業イノベーション推進課	058-272-8389		【製造業】商工労働部 産業振興局　経営支援課	096-333-2321
静岡県	経済産業部　商工業局　経営支援課	054-221-2807	大分県	商工観光労働部　経営創造・金融課	097-506-3226
愛知県	経済産業局 中小企業部　中小企業金融課	052-954-6332	宮崎県	商工観光労働部 商工政策課　経営金融室	0985-26-7097
三重県	雇用経済部 中小企業・サービス産業振興課	059-224-2447	鹿児島県	商工労働水産部　中小企業支援課	099-286-2944
福井県	【建設業、商業、サービス業等】 産業労働部　経営改革課	0776-20-0367	沖縄県	商工労働部　中小企業支援課	098-866-2343
	【製造業等】 産業労働部　産業技術課	0776-20-0370			

出典：国税庁前掲

贈与税申告書等の記載例

事例1　暦年課税（特例税率）を適用する場合

贈与者：　Ｎ区Ｈ町3-4-1　　　　木下麻由美（祖母）　　S8.11. 3
受贈者：　Ｎ区Ｔ町4-23-3　　　　西谷　めい　　　　　　S59.9.25
贈与財産：現金　600万円

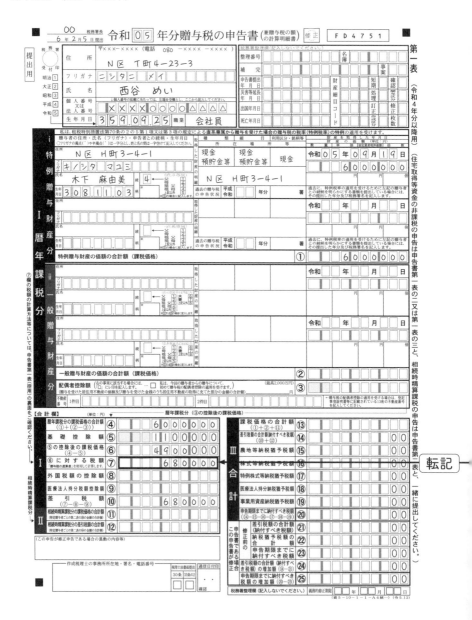

　私（西谷めい）は、祖母（木下麻由美）から令和5年9月19日に、現金600万円の贈与を受けました。私は、令和5年1月1日において18歳以上ですので、特例税率を適用します。

贈与税（暦年課税）の税額の計算明細

令和5年分以降用（特例贈与財産又は一般贈与財産のいずれか一方のみを取得した場合用）

　(注) この計算明細は、贈与税（暦年課税）の税額を算出するために使用するものですので、税務署に提出する必要はありません。

> 国税庁ホームページの「確定申告書等作成コーナー」では、贈与税の申告書が作成できます。画面の案内に沿って金額等を入力すれば、贈与税額などが自動で計算されますので、ご利用ください。

● 特例贈与財産のみを贈与により取得した場合（申告書第一表の②欄に金額の記載がない場合）

　贈与により財産を取得した人（贈与を受けた年の1月1日において18歳以上の人に限ります。）が、直系尊属（父母や祖父母など）から贈与により取得した財産（「特例贈与財産」といいます。）に係る贈与税の額は、「特例税率」を適用して計算します。

特例贈与財産の価額の合計額 （申告書第一表の①の金額）	Ⓐ	6,000,000 円	
基礎控除額	Ⓑ	1,100,000 円	
Ⓑの控除後の課税価格【Ⓐ－Ⓑ】	Ⓒ	4,900,000 円	
Ⓒに対する税額 ※ 下記の【速算表（特例贈与財産用）】を使用して計算します。 （申告書第一表の⑦欄に転記します。）	Ⓓ	680,000 円	

（例）特例贈与財産 6,000,000 円を取得した場合

> 特例贈与財産の価額の合計額〔Ⓐ〕から基礎控除額〔Ⓑ〕を控除した課税価格〔Ⓒ〕に【速算表（特例贈与財産用）】を使用して税額〔Ⓓ〕を計算します。

Ⓐ6,000,000 円－Ⓑ1,100,000 円＝Ⓒ4,900,000 円
Ⓒ4,900,000 円×20%（特例税率）－300,000 円（控除額）＝Ⓓ680,000 円

【速算表（特例贈与財産用）】

基礎控除後の課税価格	2,000 千円以下	4,000 千円以下	6,000 千円以下	10,000 千円以下	15,000 千円以下	30,000 千円以下	45,000 千円以下	45,000 千円超
特例税率（特例税率）	10%	15%	20%	30%	40%	45%	50%	55%
控除額（特例税率）	－	100 千円	300 千円	900 千円	1,900 千円	2,650 千円	4,150 千円	6,400 千円

＜ご注意ください！＞　「特例税率」の適用を受ける場合で、次の①又は②のいずれかに該当するときは、贈与税の申告書とともに、贈与により財産を取得した人の戸籍の謄本又は抄本その他の書類でその人の氏名、生年月日及びその人が贈与者の直系卑属に該当することを証する書類を提出する必要があります。ただし、過去の年分において同じ贈与者からの贈与について「特例税率」の適用を受けるために当該書類を提出している場合には、申告書第一表の「過去の贈与税の申告状況」欄に、その提出した年分及び税務署名を記入します（当該書類を重ねて提出する必要はありません。）。
①「特例贈与財産」のみの贈与を受けた場合で、その財産の価額から基礎控除額（1,100 千円）を差し引いた後の課税価格が3,000 千円を超えるとき
②「一般贈与財産」と「特例贈与財産」の両方の贈与を受けた場合で、その両方の財産の価額の合計額から基礎控除額（1,100 千円）を差し引いた後の課税価格※が3,000 千円を超えるとき
※「一般贈与財産」について配偶者控除の特例の適用を受ける場合には、基礎控除額（1,100 千円）と配偶者控除額を差し引いた後の課税価格となります。

● 一般贈与財産のみを贈与により取得した場合（申告書第一表の①欄に金額の記載がない場合）

　「特例税率」の適用がない贈与により取得した財産（「一般贈与財産」といいます。）に係る贈与税の額は、「一般税率」を適用して計算します。

一般贈与財産の価額の合計額 （申告書第一表の②の金額）	Ⓐ	円	
配偶者控除額 （申告書第一表の③の金額）	Ⓑ	円	
基礎控除額	Ⓒ	1,100,000 円	
Ⓑ及びⒸの控除後の課税価格 【Ⓐ－Ⓑ－Ⓒ】	Ⓓ	,000 円	
Ⓓに対する税額 ※ 下記の【速算表（一般贈与財産用）】を使用して計算します。 （申告書第一表の⑦欄に転記します。）	Ⓔ	円	

（例）一般贈与財産 14,000,000 円を取得した場合
（配偶者控除 10,000,000 円を適用する場合）

> 一般贈与財産の価額の合計額〔Ⓐ〕から配偶者控除額〔Ⓑ〕及び基礎控除額〔Ⓒ〕を控除した課税価格〔Ⓓ〕に【速算表（一般贈与財産用）】を使用して税額〔Ⓔ〕を計算します。

Ⓐ14,000,000 円－Ⓑ10,000,000 円－Ⓒ1,100,000 円＝Ⓓ2,900,000 円
Ⓓ2,900,000 円×15%（一般税率）－100,000 円（控除額）＝Ⓔ335,000 円

【速算表（一般贈与財産用）】

基礎控除後の課税価格	2,000 千円以下	3,000 千円以下	4,000 千円以下	6,000 千円以下	10,000 千円以下	15,000 千円以下	30,000 千円以下	30,000 千円超
一般税率	10%	15%	20%	30%	40%	45%	50%	55%
控除額（一般税率）	－	100 千円	250 千円	650 千円	1,250 千円	1,750 千円	2,500 千円	4,000 千円

事例2　暦年課税（一般税率及び特例税率）を適用する場合

（一般税率）
贈与者：T市B町16-13　　　東谷俊吾（兄）　　　S44.12.24
受贈者：N区S町2-51-1　　　東谷はると　　　　S46.5.24
贈与財産：上場株式　400万円

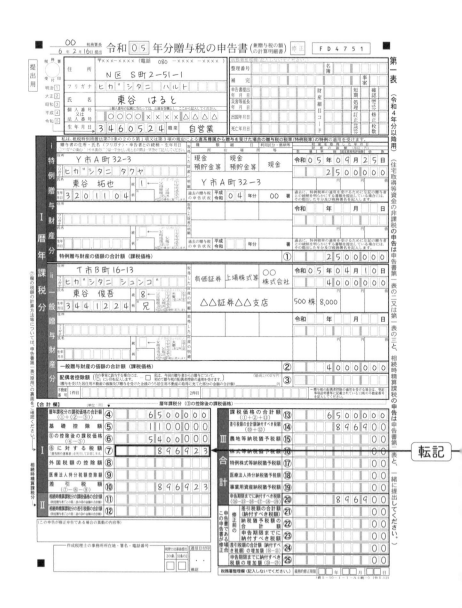

（特例税率）
　贈与者：Ｙ市Ａ町32-3　　　　　東谷拓也（父）　　　　S20.11.4
　受贈者：Ｎ区Ｓ町2-51-1　　　　東谷はると　　　　　　S46.5.24
　贈与財産：現金　250万円

　私（東谷はると）は、父（東谷拓也）から令和5年9月25日に現金250万円を、また、兄（東谷俊吾）から令和5年4月10日に上場株式500株（400万円）の贈与を受けました。父からの贈与について特例税率を適用しますが、令和4年分の贈与税の申告において、父からの贈与について特例税率の適用を受けるために贈与者との続柄を明らかにする書類を税務署に提出しています。

贈与税（暦年課税）の税額の計算明細

（注）この計算明細は、贈与税（暦年課税）の税額を算出するために使用するものですので、税務署に提出する必要はありません。

> 国税庁ホームページの「確定申告書等作成コーナー」では、贈与税の申告書が作成できます。画面の案内に沿って金額等を入力すれば、贈与税額などが自動で計算されますので、ご利用ください。

● **特例贈与財産と一般贈与財産の両方を贈与により取得した場合**（申告書第一表の①欄及び②欄の両方に金額の記載がある場合）

「**特例税率**」及び「**一般税率**」の両方を適用して計算します。

特例贈与財産の価額の合計額（申告書第一表の①の金額）	A	2,500,000 円
一般贈与財産の価額の合計額（申告書第一表の②の金額）	B	4,000,000 円
配偶者控除額（申告書第一表の③の金額）	C	円
暦年課税分の課税価格の合計額【A+B-C】（申告書第一表の④の金額）	D	6,500,000 円
基礎控除額	E	1,100,000 円
Dの控除後の課税価格【D-E】（申告書第一表の⑥の金額）	F	5,400,000 円
Fの金額に「**特例税率**」を適用した税額　※下記の【速算表（特例贈与財産用）】を使用して計算します。	G	780,000 円
特例贈与財産に対応する税額【G×A/D】	H	300,000 円
Fの金額に「**一般税率**」を適用した税額　※下記の【速算表（一般贈与財産用）】を使用して計算します。	I	970,000 円
一般贈与財産に対応する税額【I×（B-C）/D】	J	596,923 円
税額【H+J】（申告書第一表の⑦欄に転記します。）	K	896,923 円

（例）特例贈与財産 5,000,000 円及び一般贈与財産 10,000,000 円を取得した場合

特例贈与財産の価額（A）と一般贈与財産の価額（B）の合計額（D）から基礎控除額（E）を控除した課税価格（F）に【速算表（特例贈与財産用）】及び【速算表（一般贈与財産用）】を使用して計算した税額（G・I）について、次の（1）及び（2）のとおり按分計算し、その合計額（K）を計算します。

(1)　特例贈与財産に対応する税額（G及びH欄の計算）
F13,900,000円×40%（特例税率）−1,900,000円（控除額）=G3,660,000円
G3,660,000円×（A5,000,000円／15,000,000円）=H1,220,000円 ※1 円未満の端数があるときは、その端数を切り捨てます。

(2)　一般贈与財産に対応する税額（I及びJ欄の計算）
F13,900,000円×45%（一般税率）−1,750,000円（控除額）=I4,505,000円
I4,505,000円×（B10,000,000円−C0円）／15,000,000円=J3,003,333円 ※1 円未満の端数があるときは、その端数を切り捨てます。

(3)　贈与税額の計算（K欄の計算）
H1,220,000円+J3,003,333円=K4,223,333円

【速算表（特例贈与財産用）】

贈与により財産を取得した人（贈与を受けた年の1月1日において18歳以上の人に限ります。）が、直系尊属（父母や祖父母など）から贈与により取得した財産（「特例贈与財産」といいます。）に係る贈与税の額は、「特例税率」を適用して計算します。

基礎控除後の課税価格	2,000千円以下	4,000千円以下	6,000千円以下	10,000千円以下	15,000千円以下	30,000千円以下	45,000千円以下	45,000千円超
特例税率	10%	15%	20%	30%	40%	45%	50%	55%
控除額（特例税率）	—	100千円	300千円	900千円	1,900千円	2,650千円	4,150千円	6,400千円

＜ご注意ください！＞　「特例税率」の適用を受ける場合で、次の①又は②のいずれかに該当するときは、贈与税の申告書とともに、贈与により財産を取得した人の戸籍の謄本又は抄本その他の書類でその人の氏名、生年月日及びその人が贈与者の直系卑属に該当することを証する書類を提出する必要があります。ただし、過去の年分において同じ贈与者からの贈与について「特例税率」の適用を受けるために当該書類を提出している場合には、申告書第一表の「過去の贈与税の申告状況」欄に、その提出した年分及び税務署名を記入します。（当該書類を重ねて提出する必要はありません。）
　①「特例贈与財産」のみの贈与を受けた場合で、その財産の価額から基礎控除額（1,100千円）を差し引いた後の課税価格が3,000千円を超えるとき
　②「一般贈与財産」と「特例贈与財産」の両方の贈与を受けた場合で、その両方の財産の価額の合計額から基礎控除額（1,100千円）を差し引いた後の課税価格※が3,000千円を超えるとき
　※「一般贈与財産」について配偶者控除の特例の適用を受ける場合には、基礎控除額（1,100千円）と配偶者控除額を差し引いた後の課税価格となります。

【速算表（一般贈与財産用）】

「特例税率」の適用がない贈与により取得した財産（「一般贈与財産」といいます。）に係る贈与税の額は、「一般税率」を適用して計算します。

基礎控除後の課税価格	2,000千円以下	3,000千円以下	4,000千円以下	6,000千円以下	10,000千円以下	15,000千円以下	30,000千円以下	30,000千円超
一般税率	10%	15%	20%	30%	40%	45%	50%	55%
控除額（一般税率）	—	100千円	250千円	650千円	1,250千円	1,750千円	2,500千円	4,000千円

事例3　相続時精算課税を適用する場合

贈与者	M市C町19-30	南谷あきな（祖母）	S14.12.31
受贈者	M市E町51-2	南谷　ゆう	S62.8.28
贈与財産	土地（宅地）　2,600万円（100㎡　@260,000円）		

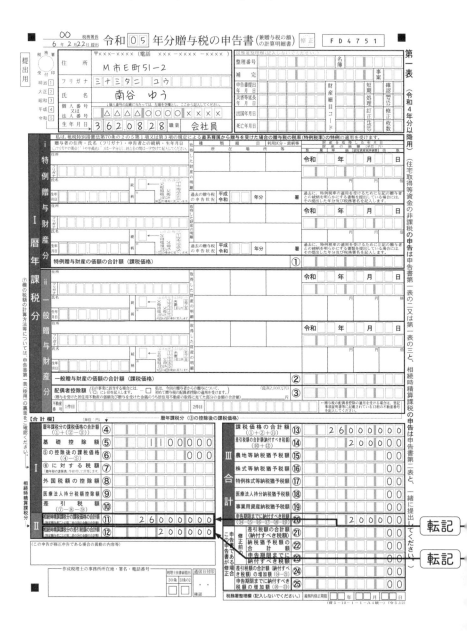

　私（南谷ゆう）は、祖母（南谷あきな）から令和５年７月３日に宅地（2,600万円）の贈与を受けました。令和５年１月１日において祖母は60歳以上、孫である私は18歳以上ですので、相続時精算課税を選択して申告します。

令和 ⬚05 年分贈与税の申告書 （相続時精算課税の計算明細書）修正 ⬚ ⬚ F D 4 7 3 7

第二表 （令和４年分以降用）（第二表は、必要な添付書類とともに申告書第一表と一緒に提出してください。）

受贈者の氏名　南谷　ゆう

相続時精算課税分

次の特例の適用を受ける場合には、□の中にレ印を記入してください。
□ 私は、租税特別措置法第70条の３第１項の規定による**相続時精算課税選択の特例**の適用を受けます。

（単位：円）

特定贈与者の住所・氏名（フリガナ）・申告者との続柄・生年月日	種類	細目	利用区分・銘柄等	財産を取得した年月日			
	所在場所等			数量	単価	固定資産税評価額	倍数
住所 M市C町19−30	土地	宅地	自用地	令和 05 年 07 月 03 日			
	M市C町29−1			2 6 0 0 0 0 0			
フリガナ ミナミタニ アキナ				100.00㎡	260,000円	円	倍
氏名 南谷　あきな				令和 年 月 日			
					円	円	倍
続柄 4 父 1、母 2、祖父 3 祖母 4、1〜4以外 5				令和 年 月 日			
生年月日 3 14 12 31 明治1、大正2、昭和3、平成4					円	円	倍

特別控除額の計算

財産の価額の合計額（課税価格）	㉖	2 6 0 0 0 0 0
過去の年分の申告において控除した特別控除額の合計額（最高2,500万円）	㉗	
特別控除額の残額（2,500万円−㉗）	㉘	2 5 0 0 0 0 0 0
特別控除額（㉖の金額と㉘の金額のいずれか低い金額）	㉙	2 5 0 0 0 0 0
翌年以降に繰り越される特別控除額（2,500万円−㉗−㉙）	㉚	

税額の計算

㉙の控除後の課税価格（㉖−㉙）　【1,000円未満切捨て】	㉛	1 0 0 0 0 0 0
㉛に対する税額（㉛×20％）	㉜	2 0 0 0 0 0
外国税額の控除額（外国にある財産の贈与を受けた場合で、外国の贈与税を課せられたときに記入します。）	㉝	
差引税額（㉜−㉝）	㉞	2 0 0 0 0 0

上記の特定贈与者からの贈与により取得した過去の相続時精算課税分の贈与税の申告状況	申告した税務署名	控除を受けた年分	受贈者の住所及び氏名（「相続時精算課税選択届出書」に記載した住所・氏名と異なる場合にのみ記入します。）
	署	平成・令和 年分	
	署	平成・令和 年分	
	署	平成・令和 年分	
	署	平成・令和 年分	

▲⋯⋯ (注) 上記の欄に記入しきれないときは、適宜の用紙に記載し提出してください。

◎ 上記に記載された特定贈与者からの贈与について初めて相続時精算課税の適用を受ける場合には、申告書第一表及び第二表と一緒に「相続時精算課税選択届出書」を必ず提出してください。なお、同じ特定贈与者から翌年以降財産の贈与を受けた場合には、「相続時精算課税選択届出書」を改めて提出する必要はありません。

＊ 税務署整理欄	整理番号		名簿		届出番号	−
	財産細目コード		確認			

＊欄には記入しないでください。

（資５−10−２−１−Ａ４統一）（令5.12）

相 続 時 精 算 課 税 選 択 届 出 書

税務署受付印

○「相続時精算課税選択届出書」は、必要な添付書類とともに申告書第一表及び第二表と一緒に提出してください。

（令和2年分以降用）

令和 6 年 2 月 22 日

＿＿＿＿ 税務署長

受贈者	住 所 又 は 居 所	〒×××-××××電話(××× － ×××× － ××××) M市E町51ー2
	フリガナ	ミナミタニ ユウ
	氏 名 (生年月日)	南谷 ゆう (大・㊵・平 62 年 8 月 28 日)
	特定贈与者との続柄	孫

私は、下記の特定贈与者から令和 5 年中に贈与を受けた財産については、相続税法第21条の9第1項の規定の適用を受けることとしましたので、下記の書類を添えて届け出ます。

記

1 特定贈与者に関する事項

住 所 又は居所	M市C町19ー30
フリガナ	ミナミタニ アキナ
氏 名	南谷 あきな
生年月日	明・大・㊵・平 14 年 12 月 31 日

2 年の途中で特定贈与者の推定相続人又は孫となった場合

推定相続人又は孫となった理由	
推定相続人又は孫となった年月日	令和　　　年　　　月　　　日

（注）孫が年の途中で特定贈与者の推定相続人となった場合で、推定相続人となった時前の特定贈与者からの贈与について相続時精算課税の適用を受けるときには、記入は要しません。

3 添付書類

次の書類が必要となります。

なお、贈与を受けた日以後に作成されたものを提出してください。

（書類の添付がなされているか確認の上、□に✓印を記入してください。）

☑ 受贈者や特定贈与者の戸籍の謄本又は抄本その他の書類で、次の内容を証する書類

（1）　受贈者の氏名、生年月日

（2）　受贈者が特定贈与者の直系卑属である推定相続人又は孫であること

（※）1 租税特別措置法第70条の6の8（（個人の事業用資産についての贈与税の納税猶予及び免除））の適用を受ける特例事業受贈者が同法第70条の2の7（（相続時精算課税適用者の特例））の適用を受ける場合には、「(1)の内容を証する書類」及び「その特例事業受贈者が特定贈与者からの贈与により租税特別措置法第70条の6の8第1項に規定する特例受贈事業用資産の取得をしたことを証する書類」となります。

2 租税特別措置法第70条の7の5（（非上場株式等についての贈与税の納税猶予及び免除の特例））の適用を受ける特例経営承継受贈者が同法第70条の2の8（（相続時精算課税適用者の特例））の適用を受ける場合には、「(1)の内容を証する書類」及び「その特例経営承継受贈者が特定贈与者からの贈与により租税特別措置法第70条の7の5第1項に規定する特例対象受贈非上場株式等の取得をしたことを証する書類」となります。

（注）この届出書の提出により、特定贈与者からの贈与については、特定贈与者に相続が開始するまで相続時精算課税の適用が継続されるとともに、その贈与を受ける財産の価額は、相続税の課税価格に加算されます（**この届出書による相続時精算課税の選択は撤回することができません。**）。

作成税理士		電話番号	

※ 税務署整理欄	届出番号	－	名簿						確認		

※欄には記入しないでください。

（資5－42－A4統一）（令5.12）

参考法令
（相続時精算課税関係）

相続時精算課税関係法令（令和6年1月1日施行）

相続税法	相続税法施行令	相続税法施行規則
（相続時精算課税の選択） 第21条の9　贈与により財産を取得した者がその贈与をした者の推定相続人（その贈与をした者の直系卑属である者のうちその年1月1日において18歳以上であるものに限る。）であり、かつ、その贈与をした者が同日において60歳以上の者である場合には、その贈与により財産を取得した者は、その贈与に係る財産について、この節の規定の適用を受けることができる。 2　前項の規定の適用を受けようとする者は、政令で定めるところにより、第28条第1項の期間内に前項に規定する贈与をした者からのその年中における贈与により取得した財産について同項の規定の適用を受けようとする旨その他財務省令で定める事項を記載した届出書を納税地の所轄税務署長に提出しなければならない。 3　前項の届出書に係る贈与をした者からの贈与により取得する財産については、当該届出書に係る年分以後、前		（相続時精算課税選択届出書の提出） 第5条　法第21条の9第2項の規定による同項に規定する届出書（以下「相続時精算課税選択届出書」という。）の提出は、同条第1項の贈与をした者ごとに、納税地の所轄税務署長にしなければならない。この場合において、法第28条第1項の規定による申告書を提出するときは、相続時精算課税選択届出書の提出は、当該申告書に添付してしなければならない。	（相続時精算課税選択届出書の記載事項） 第10条　法第21条の9第2項に規定する財務省令で定める事項は、次に掲げる事項とする。 一　法第21条の9第2項に規定する届出書（以下「相続時精算課税選択届出書」という。）を提出する者の氏名、生年月日、住所又は居所及び個人番号（個人番号を有しない者又は施行令第5条第1項後段若しくは第4項の規定により相続時精算課税選択届出書を提出する者にあつては、

相続税法	相続税法施行令	相続税法施行規則
節及びこの節の規定により、贈与税額を計算する。 4　その年1月1日において18歳以上の者が同日において60歳以上の者からの贈与により財産を取得した場合にその年の中途においてその者の養子となつたことその他の事由によりその者の推定相続人となつたとき（配偶者となつたときを除く。）には、推定相続人となつた時前にその者からの贈与により取得した財産については、第1項の規定の適用はないものとする。		氏名、生年月日及び住所又は居所）並びに法第21条の9第1項の贈与をした者との続柄 二　前号の贈与をした者の氏名、生年月日及び住所又は居所 三　第1号の提出する者が年の中途において法第21条の9第4項の贈与をした者の推定相続人となつた場合には、当該贈与をした者の推定相続人となつた事由及びその年月日 四　法第28条第1項の規定による申告書を提出しない場合には、その旨 五　その他参考となるべき事項 2　法第21条の18第1項の規定により相続時精算課税選択届出書を提出する場合における前項の財務省令で定める事項は、同項の規定にかかわらず、次に掲げる事項とする。 一　法第21条の18第1項に規定する被相続人の氏名、生年月日、その死亡の時における住所又は居所及びその死亡の年月日並びに法第21条の9第1項の贈与をした者との続柄

相続税法	相続税法施行令	相続税法施行規則
		二　前号の贈与をした者の氏名、生年月日及び住所又は居所 三　法第21条の18第1項の規定により相続時精算課税選択届出書を提出する者の氏名、住所又は居所及び個人番号（個人番号を有しない者又は施行令第5条の6第1項後段の規定若しくは同条第4項において準用する施行令第5条第4項の規定により相続時精算課税選択届出書を提出する者にあつては、氏名及び住所又は居所）並びに第1号の被相続人との続柄 四　第1号の被相続人が年の中途において法第21条の9第4項の贈与をした者の推定相続人となつた場合には、当該贈与をした者の推定相続人となつた事由及びその年月日 五　法第28条第2項において準用する法第27条第2項の規定による申告書を提出しない場合には、その旨 六　その他参考となるべき事項

相続税法	相続税法施行令	相続税法施行規則
	2　相続時精算課税選択届出書には、贈与により財産を取得した者の戸籍の謄本その他の財務省令で定める書類を添付しなければならない。 3　贈与をした者が年の中途において死亡した場合には、相続時精算課税選択届出書の提出は、第1項の規定にかかわらず、当該贈与をした者の死亡に係る相続税の納税地の所轄税務署長にしなければならない。 4　前項に規定する場合において、同項の贈与に係る法第28条第1項の規定による申告書の提出期限までに当該贈与をした者の死亡に係る法第27条第1項の規定による申告書の提出期限（以下この項において「相続税の申告期限」という。）が到来するときは、相続時精算課税選択届出書の提出は、当該相続税の申告期限までにしなければならない。この場合において、当該贈与をした者の死亡に係る同条第1項の規定による申告書を提出するときは、相続時精算課税選択届出書の提出は、当該申告書に添付してしなければならない。	（相続時精算課税選択届出書の添付書類） 第11条　施行令第5条第2項に規定する財務省令で定める書類は、相続時精算課税選択届出書の提出をする者の戸籍の謄本又は抄本その他の書類でその者の氏名及び生年月日並びにその者が法第21条の9第1項の贈与をした者の推定相続人に該当することを証する書類とする。 2　施行令第5条の6第2項に規定する財務省令で定める書類は、次に掲げる書類とする。 一　法第21条の18第1項の規定により相続時精算課税選択届出書を提出する者の戸籍の謄本又は抄本その他の書類で同項に規定する被相続人の全ての相続人を明らかにする書類 二　前号の被相続人の戸籍の謄本又は抄本その他の書類で当該被相続人の氏名、生年月日及びその死亡の年月日並びに当該被相続人が法第21条の9第1項の贈与をした者の推定相続人に該当することを証する書類

相続税法	相続税法施行令	相続税法施行規則
5　第2項の届出書を提出した者（以下「相続時精算課税適用者」という。）が、その届出書に係る第1項の贈与をした者（以下「特定贈与者」という。）の推定相続人でなくなつた場合においても、当該特定贈与者からの贈与により取得した財産については、第3項の規定の適用があるものとする。 6　相続時精算課税適用者は、第2項の届出書を撤回することができない。 （相続時精算課税に係る贈与税の課税価格） 第21条の10　相続時精算課税適用者が特定贈与者からの贈与により取得した財産については、特定贈与者ごとにその年中において贈与により取得した財産の価額を合計し、それぞれの合計額をもつて、贈与税の課税価格とする。 （適用除外） 第21条の11　相続時精算	（特定贈与者が二人以上ある場合における特定贈与者ごとの贈与税の課税価格から控除する金額の計算） 第5条の2　法第21条の9第5項に規定する相続時精算課税適用者（以下「相続時精算課税適用者」という。）がその年中において二人以上の同項に規定する特定贈与者（以下「特定贈与者」という。）からの贈与により財産を取得した場合には、法第21条の11の2第1項の規定により控除する金額は、特定贈与者の異なるごとに、60万円に、特定贈与者ごとの贈与税の課税価格が当該課税価格の合計額のうちに占める割合を乗じて計算するものとする。	

相続税法	相続税法施行令	相続税法施行規則
課税適用者が特定贈与者からの贈与により取得した財産については、第21条の5から第21条の7までの規定は、適用しない。 （相続時精算課税に係る贈与税の基礎控除） 第21条の11の2　相続時精算課税適用者がその年中において特定贈与者からの贈与により取得した財産に係るその年分の贈与税については、贈与税の課税価格から60万円を控除する。 2　前項の相続時精算課税適用者に係る特定贈与者が2人以上ある場合における各特定贈与者から贈与により取得した財産に係る課税価格から控除する金額の計算については、政令で定める。 （相続時精算課税に係る贈与税の特別控除） 第21条の12　相続時精算課税適用者がその年中において特定贈与者からの贈与により取得した財産に係るその年分の贈与税については、特定贈与者ごとの前条第1項の規定による控除後の贈与税の課税価格からそれぞれ次に掲げる金額のうちいずれ		

相続税法	相続税法施行令	相続税法施行規則
か低い金額を控除する。 一　2,500万円（既にこの条の規定の適用を受けて控除した金額がある場合には、その金額の合計額を控除した残額） 二　特定贈与者ごとの贈与税の課税価格 2　前項の規定は、期限内申告書に同項の規定により控除を受ける金額、既に同項の規定の適用を受けて控除した金額がある場合の控除した金額その他財務省令で定める事項の記載がある場合に限り、適用する。 3　税務署長は、第1項の財産について前項の記載がない期限内申告書の提出があつた場合において、その記載がなかつたことについてやむを得ない事情があると認めるときは、その記載をした書類の提出があつた場合に限り、第1項の規定を適用することができる。 （相続時精算課税に係る贈与税の税率） 第21条の13　相続時精算課税適用者がその年中において特定贈与者からの贈与により取得した財産に係るその年分の贈与税の額は、特定		（相続時精算課税に係る贈与税の特別控除） 第12条　法第21条の12第2項に規定する財務省令で定める事項は、同条第1項の規定により控除を受けようとする者の法第21条の9第5項に規定する特定贈与者（以下「特定贈与者」という。）ごとの次に掲げる事項とする。 一　法第21条の12第1項の規定の適用を受けようとする年分の当該特定贈与者に係る贈与税の課税価格、法第21条の11の2第1項の規定により控除する金額（第13条第1項第7号及び第17条第1項第1号において「相続時精算課税に係る基礎控除額」という。）及び贈与税額その他の贈与税の額の計算に関する明細 二　相続時精算課税選択届出書の提出をした税務署の名称及び

相続税法	相続税法施行令	相続税法施行規則
贈与者ごとに、第21条の11の2第1項の規定による控除後の贈与税の課税価格（前条第1項の規定の適用がある場合には、同項の規定による控除後の金額）にそれぞれ100分の20の税率を乗じて計算した金額とする。 （相続時精算課税に係る相続税額） 第21条の14　特定贈与者から相続又は遺贈により財産を取得した者及び当該特定贈与者に係る相続時精算課税適用者の相続税の計算についての第15条の規定の適用については、同条第1項中「（第19条」とあるのは「（第19条、第21条の15又は第21条の16」と、「同条」とあるのは「これら」とする。 第21条の15　特定贈与者から相続又は遺贈により財産を取得した相続時精算課税適用者については、当該特定贈与者からの贈与により取得した財産で第21条の9第3項の規定の適用を受けるもの（第21条の2第1項から第3項まで、第21条の3、第21条の4及び第21条の10の規定により当該取		その提出に係る年分 三　既に当該特定贈与者からの贈与により取得した財産について法第21条の12第1項の規定の適用を受けて控除した金額がある場合には、当該控除を受けた年分及び当該控除を受けた年分の贈与税の申告書を提出した税務署の名称 四　その他参考となるべき事項

相続税法	相続税法施行令	相続税法施行規則
得の日の属する年分の贈与税の課税価格計算の基礎に算入されるものに限る。）の価額から第21条の11の2第1項の規定による控除をした残額を相続税の課税価格に加算した価額をもつて、相続税の課税価格とする。 2　特定贈与者から相続又は遺贈により財産を取得した相続時精算課税適用者及び他の者に係る相続税の計算についての第13条、第18条、第19条、第19条の3及び第20条の規定の適用については、第13条第1項中「取得した財産」とあるのは「取得した財産及び被相続人が第21条の9第5項に規定する特定贈与者である場合の当該被相続人からの贈与により取得した同条第3項の規定の適用を受ける財産」と、「当該財産」とあるのは「第21条の11の2第1項の規定による控除後のこれらの財産」と、同条第2項中「あるもの」とあるのは「あるもの及び被相続人が第21条の9第5項に規定する特定贈与者である場合の当該被相続人からの贈与により取得した同条第3項の規	（相続税額の加算の対象とならない相続税額） 第5条の2の2　法第21条の15第2項又は第21条の16第2項の規定により読み替えて適用される法第18条第1項に規定する相続税額として政令で定めるものは、特定贈与者の死亡に係る相続税の計算において相続時精算課税適用者の法第17条の規定により算出した相続税額に当該相続時精算課税適用者の法第21条の9第3項の規定の適用を受ける財産で当該特定贈与者の法第18条第1項に規定する一親等の血族であつた期間内に当該特定贈与者から取得したもの（以下この条において「一親等時贈与財産」という。）の価額から当該期間内の各年分の贈与税について法第21条の11の2第1項の規定による控除をした残額（当	

相続税法	相続税法施行令	相続税法施行規則
定の適用を受ける財産」と、「当該財産」とあるのは「第21条の11の2第1項の規定による控除後のこれらの財産」と、同条第4項中「取得した財産」とあるのは「取得した財産及び被相続人が第21条の9第5項に規定する特定贈与者である場合の当該被相続人からの贈与により取得した同条第3項の規定の適用を受ける財産」と、「当該財産」とあるのは「第21条の11の2第1項の規定による控除後のこれらの財産」と、第18条第1項中「とする」とあるのは「とする。ただし、贈与により財産を取得した時において当該被相続人の当該一親等の血族であつた場合には、当該被相続人から取得した当該財産に対応する相続税額として政令で定めるものについては、この限りでない」と、第19条第1項中「特定贈与財産」とあるのは「特定贈与財産及び第21条の9第3項の規定の適用を受ける財産」と、第19条の3第3項中「財産」とあるのは「財産（当該相続に係る被相続人からの贈与により取得	該特定贈与者から一親等時贈与財産と一親等時贈与財産以外の法第21条の9第3項の規定の適用を受ける財産（次項において「一親等時贈与財産以外の財産」という。）とを取得した年分については、当該年分における一親等時贈与財産の価額から調整控除額を控除した残額）の合計額が当該相続時精算課税適用者に係る特定贈与者の死亡に係る相続税の法第21条の15第2項又は第21条の16第2項の規定により読み替えて適用される法第19条及び第21条の14から第21条の18までの規定により計算された課税価格に算入された財産の価額のうちに占める割合を乗じて得た額とする。 2　前項に規定する調整控除額とは、その年分において同項の特定贈与者から取得した財産の価額から法第21条の11の2第1項の規定により控除した金額に当該年分における第1号に掲げる価額が当該年分における第2号に掲げる金額のうちに占める割合を乗じて計算した金額をいう。 一　一親等時贈与財産	

相続税法	相続税法施行令	相続税法施行規則
した財産で第21条の9第3項の規定の適用を受けるものを含む。）」と、第20条第1号中「事由により取得した財産」とあるのは「事由により取得した財産（当該被相続人からの贈与により取得した財産で第21条の9第3項の規定の適用を受けるものを含む。）」と、同条第2号中「財産の価額」とあるのは「財産（当該被相続人からの贈与により取得した財産で第21条の9第3項の規定の適用を受けるものを含む。）の価額」とする。	の価額 二　一親等時贈与財産の価額と一親等時贈与財産以外の財産の価額との合計額	
3　第1項の場合において、第21条の9第3項の規定の適用を受ける財産につき課せられた贈与税があるときは、相続税額から当該贈与税の税額（第21条の8の規定による控除前の税額とし、延滞税、利子税、過少申告加算税、無申告加算税及び重加算税に相当する税額を除く。）に相当する金額を控除した金額をもつて、その納付すべき相続税額とする。	（相続時精算課税に係る贈与税に相当する税額の控除の順序） 第5条の3　法第21条の15第3項又は第21条の16第4項の規定により控除する贈与税の税額に相当する金額は、法第15条から第20条の2まで（第19条の2を除く。）の規定により算出した金額から控除する。	
第21条の16　特定贈与者から相続又は遺贈により財産を取得しなかつた相続時精算課税適用	（相続時精算課税の適用のための読替え） 第5条の4　特定贈与者から相続又は遺贈によ	

相続税法	相続税法施行令	相続税法施行規則
者については、当該特定贈与者からの贈与により取得した財産で第21条の9第3項の規定の適用を受けるものを当該特定贈与者から相続（当該相続時精算課税適用者が当該特定贈与者の相続人以外の者である場合には、遺贈）により取得したものとみなして第1節の規定を適用する。 2　前項の場合において、特定贈与者から相続又は遺贈により財産を取得しなかつた相続時精算課税適用者及び当該特定贈与者から相続又は遺贈により財産を取得した者に係る相続税の計算についての第13条、第18条、第19条、第19条の3及び第19条の4の規定の適用については、第13条第1項中「取得した財産」とあるのは「取得した財産（当該相続に係る被相続人からの贈与により取得した財産で第21条の9第3項の規定の適用を受けるものを含む。第4項において同じ。）」と、「当該財産」とあるのは「第21条の11の2第1項の規定による控除後の当該財産」と、同条第2項中「あるもの」とある	り財産を取得しなかつた相続時精算課税適用者及び当該特定贈与者から相続又は遺贈により財産を取得した者に係る相続税の計算についての法第13条第1項及び第2項の規定の適用については、同条第1項中「又は第2号の規定に該当する者」とあるのは「若しくは第2号の規定に該当する者又は同項第5号の規定に該当する者（当該相続に係る被相続人の相続開始の時においてこの法律の施行地に住所を有する者に限る。）」と、同条第2項中「又は第4号の規定に該当する者」とあるのは「若しくは第4号の規定に該当する者又は同項第5号の規定に該当する者（当該相続に係る被相続人の相続開始の時においてこの法律の施行地に住所を有しない者に限る。）」とする。 2　法第21条の9第3項の規定の適用がある場合の法第19条の3第2項及び第20条の2の規定の適用については、同項中「価額」とあるのは「価額と当該相続に係る被相続人からの贈与により取得した財産で第21条の9第3項	

相続税法	相続税法施行令	相続税法施行規則
のは「あるもの及び被相続人が第21条の 9 第 5 項に規定する特定贈与者である場合の当該被相続人からの贈与により取得した同条第 3 項の規定の適用を受ける財産」と、「当該財産」とあるのは「第21条の11の 2 第 1 項の規定による控除後のこれらの財産」と、同条第 4 項中「当該財産」とあるのは「第21条の11の 2 第 1 項の規定による控除後の当該財産」と、第18条第 1 項中「とする」とあるのは「とする。ただし、贈与により財産を取得した時において当該被相続人の当該一親等の血族であつた場合には、当該被相続人から取得した当該財産に対応する相続税額として政令で定めるものについては、この限りでない」と、第19条第 1 項中「特定贈与財産」とあるのは「特定贈与財産及び第21条の 9 第 3 項の規定の適用を受ける財産」と、第19条の 3 第 3 項中「財産」とあるのは「財産（当該相続に係る被相続人からの贈与により取得した財産で第21条の 9 第 3 項の規定の適用を受ける	の規定の適用を受けるものの価額から第21条の11の 2 第 1 項の規定による控除をした残額との合計額」と、同条中「価額の」とあるのは「価額と当該相続に係る被相続人からの贈与により取得した財産で第21条の 9 第 3 項の規定の適用を受けるものの価額から第21条の11の 2 第 1 項の規定による控除をした残額との合計額の」とする。 3　法第21条の 9 第 3 項の規定の適用がある場合のこの政令の規定の適用については、第 3 条第 1 項中「包括受遺者」とあるのは「包括受遺者及び法第21条の 9 第 5 項に規定する相続時精算課税適用者」と、同項第 2 号中「相続税額」とあるのは「相続税額（法第21条の17第 1 項の規定により同項に規定する相続人が承継した相続税の納税に係る義務を除く。）」と、第 4 条第 1 項中「贈与税額」とあるのは「贈与税額（法第21条の13の規定により計算される贈与税額がある場合には、当該贈与税額を除く。）」と、「贈与税の課税価格」とあるのは「贈与税の課税価格	

相続税法	相続税法施行令	相続税法施行規則
ものを含む。）」と、第19条の 4 第 1 項中「該当する者」とあるのは「該当する者及び同項第 5 号の規定に該当する者（当該相続に係る被相続人の相続開始の時においてこの法律の施行地に住所を有しない者に限る。）」とする。 3　第 1 項の規定により特定贈与者から相続又は遺贈により取得したものとみなされた財産に係る第 1 節の規定の適用については、次に定めるところによる。 　一　当該財産の価額は、第 1 項の贈与の時における価額とする。 　二　当該財産の価額から第21条の11の 2 第 1 項の規定による控除をした残額を第11条の 2 の相続税の課税価格に算入する。 4　第 1 項の場合において、第21条の 9 第 3 項の規定の適用を受ける財産につき課せられた贈与税があるときは、相続税額から当該贈与税の税額（第21条の 8 の規定による控除前の税額とし、延滞税、利子税、過少申告加算税、無申告加算税及び重加算税に相当する税額を除く。）に相当する	（法第21条の10の規定により計算される課税価格がある場合には、当該課税価格を除く。）」と、第 4 条の 3 第 2 号中「価額」とあるのは「価額と当該相続に係る被相続人からの贈与により取得した財産で法第21条の 9 第 3 項の規定の適用を受けるものの価額から法第21条の11の 2 第 1 項の規定による控除をした残額との合計額」と、第 4 条の 4 第 4 項第 1 号中「遺贈」とあるのは「遺贈（当該相続に係る被相続人からの贈与により取得した財産で法第21条の 9 第 3 項の規定の適用を受けるものに係る贈与を含む。）」とする。	

相続税法	相続税法施行令	相続税法施行規則
金額を控除した金額をもつて、その納付すべき相続税額とする。 （相続時精算課税に係る相続税の納付義務の承継等） 第21条の17　特定贈与者の死亡以前に当該特定贈与者に係る相続時精算課税適用者が死亡した場合には、当該相続時精算課税適用者の相続人（包括受遺者を含む。以下この条及び次条において同じ。）は、当該相続時精算課税適用者が有していたこの節の規定の適用を受けていたことに伴う納税に係る権利又は義務を承継する。ただし、当該相続人のうちに当該特定贈与者がある場合には、当該特定贈与者は、当該納税に係る権利又は義務については、これを承継しない。 2　前項本文の場合において、相続時精算課税適用者の相続人が限定承認をしたときは、当該相続人は、相続により取得した財産（当該相続時精算課税適用者からの遺贈又は贈与により取得した財産を含む。）の限度においてのみ同項の納税に係る権利又は義務を承継する。 3　国税通則法第5条第	第5条の5　法第21条の	

相続税法	相続税法施行令	相続税法施行規則
2項及び第3項（相続による国税の納付義務の承継）の規定は、この条の規定により相続時精算課税適用者の相続人が有することとなる第1項の納税に係る権利又は義務について、準用する。 4　前3項の規定は、第1項の権利又は義務を承継した者が死亡した場合について、準用する。	17第3項の規定により国税通則法第5条第2項及び第3項（相続による国税の納付義務の承継）の規定を準用する場合には、同条第2項中「各相続人」とあるのは「各相続人（相続人のうちに相続税法第21条の9第5項に規定する特定贈与者（以下この条において「特定贈与者」という。）がある場合には、当該特定贈与者を除く。）」と、「その相続分」とあるのは「その相続分（相続人のうちに特定贈与者がある場合には、当該特定贈与者がないものとして計算した相続分）」と、同条第3項中「その相続人」とあるのは「その相続人（相続人のうちに特定贈与者がある場合には、当該特定贈与者を除く。）」と読み替えるものとする。	
第21条の18　贈与により財産を取得した者（以下この条において「被相続人」という。）が第21条の9第1項の規定の適用を受けることができる場合に、当該被相続人が同条第2項の規定による同項の届出	（相続時精算課税選択届出書を提出しないで死亡した者の相続人に係る相続時精算課税選択届出書の提出） 第5条の6　法第21条の18第1項の規定による相続時精算課税選択届出書の提出は、法第21	

相続税法	相続税法施行令	相続税法施行規則
書の提出期限前に当該届出書を提出しないで死亡したときは、当該被相続人の相続人（当該贈与をした者を除く。以下この条において同じ。）は、その相続の開始があつたことを知つた日の翌日から10月以内（相続人が国税通則法第117条第2項（納税管理人）の規定による納税管理人の届出をしないで当該期間内にこの法律の施行地に住所及び居所を有しないこととなるときは、当該住所及び居所を有しないこととなる日まで）に、政令で定めるところにより、当該届出書を当該被相続人の納税地の所轄税務署長に共同して提出することができる。 2　前項の規定により第21条の9第2項の届出書を提出した相続人は、被相続人が有することとなる同条第1項の規定の適用を受けることに伴う納税に係る権利又は義務を承継する。この場合において、前条第2項及び第3項の規定を準用する。 3　第1項の規定により第21条の9第2項の届出書を提出することができる被相続人の相続	条の9第1項の贈与をした者ごとに、当該贈与により財産を取得した者の死亡の時における納税地の所轄税務署長にしなければならない。この場合において、法第28条第2項の規定による申告書を提出するときは、相続時精算課税選択届出書の提出は、当該申告書に添付してしなければならない。 2　相続時精算課税選択届出書には、法第21条の18第1項に規定する被相続人の相続人であることを証する書類その他の財務省令で定める書類を添付しなければならない。 3　前項の相続人が2人以上ある場合には、相続時精算課税選択届出書の提出は、これらの者が一の相続時精算課税選択届出書に連署して行うものとする。 4　第5条第3項及び第4項の規定は、第1項の贈与をした者が年の中途において死亡した場合について準用する。この場合において、同条第3項中「第1項」とあるのは「第5条の6第1項」と、同条第4項中「第28条第1項」とあるのは	

相続税法	相続税法施行令	相続税法施行規則
人が当該届出書を提出しないで死亡した場合には、前 2 項の規定を準用する。	「第28条第 2 項」と読み替えるものとする。	

【著者紹介】

税理士　**与良　秀雄**（よら　ひでお）

　国税庁資産課税課課長補佐、川越税務署副署長、日立税務署署長、関東信越国税局課税第一部次長、関東信越国税局徴収部部長を歴任し、平成28年に退官。千葉商科大学客員教授（会計ファイナンス科）などを歴任し、現在は税理士として活躍。

　主な著書に、「所得税基本通達逐条解説」「租税特別措置法通達（譲渡所得、山林所得関係）逐条解説」、「土地収用法・都市計画法と税務」、「問答式株式譲渡益課税のすべて」、（以上、大蔵財務協会）、「非上場株式の評価と活用の留意点Q&A」（税務研究会）、「評基通によらない財産評価」（新日本法規）などがある。

本書の内容に関するご質問は、税務研究会ホームページのお問い合わせフォーム（https://www.zeiken.co.jp/contact/request/）よりお願いいたします。なお、個別のご相談は受け付けておりません。

本書刊行後に追加・修正事項がある場合は、随時、当社のホームページ（https://www.zeiken.co.jp/）にてお知らせいたします。

変わる贈与税　令和6年1月以降の留意事項

令和6年2月20日　初版第1刷印刷	（著者承認検印省略）
令和6年2月26日　初版第1刷発行	

Ⓒ　著者　　与　良　秀　雄

発行所　　税務研究会出版局

週刊　「税務通信」　発行所
　　　「経営財務」

代表者　山　根　　　毅

〒100－0005
東京都千代田区丸の内1-8-2 鉄鋼ビルディング

https://www.zeiken.co.jp/

乱丁・落丁の場合は、お取替えします。　　　　印刷・製本　藤原印刷株式会社

ISBN978－4－7931－2809－7